LC 214 E O IMPACTO NAS EMPRESAS DE SERVIÇOS REGIDAS PELO LUCRO PRESUMIDO

Lucro presumido e a reforma tributária às empresas de serviços

AMBRA UNIVERSITY press

Marcelo Roberto Lourenço

Publisher: Ambra University Press
First edition: JUNE 2025 (Revision 1.0a)

Author: Marcelo Roberto Lourenço.
Title: LC 214 E O Impacto Nas Empresas De Serviços Regidas Pelo Lucro Presumido: Lucro presumido e a reforma tributária às empresas de serviços
Cover design: Ambra University Press
Book design: Ambra University Press
Proofreading: Ambra University Press

E-book format: EPUB
Print format: Print format: Paperback- 6 x 9 inch

ISBN: 978-1-966958-11-6 (Print - Paperback)
ISBN: 978-1-966958-10-9 (e-book – EPUB)

Ambra is a trademark of Ambra Education, Inc. registered in the U.S. Patent and Trademark Office.
Ambra University Press is a division of Ambra Education, Inc.
Orlando, FL, USA
https://press.ambra.education/ • https://www.ambra.education/

Editora: Ambra University Press
Primeira edição: junho 2025 (Revisão 1.01)

Autores: Marcelo Roberto Lourenço.
Título: LC 214 E O Impacto Nas Empresas De Serviços Regidas Pelo Lucro Presumido: Lucro presumido e a reforma tributária às empresas de serviços
Design da capa: Ambra University Press
Projeto gráfico: Ambra University Press
Revisão: Ambra University Press

Formato e-book: EPUB
Formato impresso: Capa mole - 6 x 9 polegadas

ISBN: 978-1-966958-11-6 (Impresso – capa mole)
ISBN: 978-1-966958-10-9 (e-book – EPUB)

Ambra é uma marca da Ambra Education, Inc. registrada no U.S. Patent and Trademark Office.
Ambra University Press é uma divisão da Ambra Education, Inc.
Orlando, FL, EUA
https://press.ambra.education/ • https://www.ambra.education/

SUMÁRIO

Sobre o autor 9

Introdução 11

Breves considerações históricas da Reforma Tributária constitucional na República brasileira 15

Os avanços sob a EC n. 18/1965 e a codificação tributária pelo CTN/1966 à CF de 1988. 19

A tributação e o sistema tributário pós-constituição de 1988 21

O sistema tributário na Constituição de 1988 e ajustes antes da reforma 24

O Regime Tributário e tributação do setor de serviços e obrigações acessórias 29

A LC n. 116/2003 sobre o ISS e atividades no setor de serviços 30

As principais características do setor de serviços 31

Regimes tributários 32

Obrigações acessórias 44

Apontamentos e considerações às propostas que regeram análises setoriais sobre a Reforma Tributária, PECs nºs 45 e 110 de 2019, PL n. 3887 de 2020, EC n. 132/23 e os princípios que as regem 47

Considerações setoriais 48

Federação das Indústrias do Estado de São Paulo - FIESP 48

Confederação Nacional da Indústria - CNI 49

Federação Brasileira de Bancos - FEBRABAN 50

Considerações diversas 50

Princípios pilares inseridos na Reforma Tributária, EC n. 132/2023 51

Regulamentação da Reforma Tributária EC n. 132/2023 até LC n. 214/2025 61

Proposta de regulamentação da Reforma Tributária pelo Poder Executivo, PLC n. 68/2024 que culminou na LC n. 214/2025 66

Aprovação da PLP n. 68/2024 e promulgação da LC n. 214/2025 67

Estrutura do setor de serviços e o possível impacto da Reforma Tributária 73

Possíveis impactos econômicos e sociais da Reforma Tributária de 2023 no setor de serviços 74

Regime Tributário Simples Nacional aplicado ao setor de serviços 76

Regime tributário Lucro Presumido 77

Projeções setoriais: empresas prestadoras de serviços, base São Paulo 81

A LC n. 214/2025 e seus efeitos práticos ao regime de tributação do Lucro Presumido 83

Análise da Reforma Tributária e as propostas de regulamentação voltadas para o setor de serviços 84

Política tributária aplicável ao setor de serviços 85

Avaliação do possível impacto econômico e social da LC n. 214/2025 em relação às empresas sob regime de Lucro Presumido 86

Principais aspectos da reforma em relação à adoção do regime de Lucro Presumido 88

Alternativas tributárias ao setor de serviços 89

Conclusão 95

Referências bibliográficas 101

Outros links complementares - Leis, MP, PLP, EC 107

SOBRE O AUTOR

Marcelo Roberto Lourenço

Lourenço, Marcelo Roberto, é advogado, gestor de escritório advocacia, mestre em direito pela Ambra University, com MBA pela USP-Esalq, pós em direito processual pela PUC-MG, Pós em Direito do trabalho e previdência pela UNISC-RS, extensão em diversos segmentos do direito. Empresário, empreendedor, contador.

INTRODUÇÃO

A Reforma Tributária sob a Emenda Constitucional n. 132/2023, já esperada por décadas, com remendos diversificados, carecia de um texto constitucional mais preciso no sentido de adequar-se aos anseios da sociedade e às normas internacionais, sobretudo pós-pandemia de covid-19. Diante da aprovação do texto base no Congresso Nacional da regulamentação da reforma, conforme Projeto de Lei Complementar PLP n. 68/2024, convertido na LC n. 214/2025, visou-se atingir o seu propósito de alterar a economia e propiciar o crescimento do país, reorganizando o sistema tributário, simplificando, unificando impostos e adequando às esferas internacionais.

Nesse cenário, questiona-se se a Reforma tributária afetará de forma positiva ou negativa as empresas de serviços que aderem ao regime tributário de Lucro Presumido. Como base de estudo, usou-se como exemplo as empresas de segmentos de serviços.

Diante das incertezas acerca da tributação com a Reforma Tributária, sobretudo com a regulamentação sob a LC n. 214/2025, somado ao elevado custo para empreender no país, principalmente na área de serviços, que está em crescente transformação, seja pela inovação tecnológica, seja pela concorrência e a elevada carga de tributos já existentes, observa-se um malabarismo para planejar e empreender.

Com a Reforma Tributária constitucional aprovada sob a EC n. 132/2023, permite-se observar quais serão os desafios em relação à tributação e o sistema adotado por parte desse segmento e ramo de negócio regido pelo Lucro Presumido. Assim, é importante entender como as mudanças propostas podem afetar sua viabilidade econômica e manutenção ou expansão no cenário posto para esse ramo de negócios, como o setor de serviços.

O mercado concorrencial, a economia e empresas como as de serviços tem grande concorrência. Logo, a carga tributária e emaranhado de regramento é um fator preponderante na tomada de decisões.

Diante disso, o objetivo geral deste trabalho é analisar as implicações ao andamento das empresas voltadas para o setor de serviços e a sobrevivência dessas empresas regidas pelo regime de Lucro Presumido, analisando a reforma posta e sua regulamentação. Busca-se uma possível projeção do impacto no setor.

Como objetivo específico, levantar quais pontos principais frente à regulamentação trazida LC n. 214/2025 e à expectativa de manutenção de postos de empregos nas empresas de serviços em geral. Busca-se um possível cenário diante da reforma e das mudanças tributárias propostas, investigando os desafios enfrentados pelos setores optantes por esse regime tributário.

Para tanto, fez-se levantamento doutrinário e síntese da Reforma Tributária, principalmente no Direito Tributário Econômico e outros ramos do direito, bem como contábil e estudos de artigos sobre a Reforma Tributária, com análise de projetos de lei, emendas constitucionais e relatórios do governo e revisão bibliográfica. Apurou-se, ainda, bibliografia na doutrina, em comparativo com estudo de leis voltadas ao tema e publicações com abordagem voltada prioritariamente à área de negócios/empresas do setor de serviços e sistema tributário, bem como artigos semelhantes publicados no Google Acadêmico e outros meios, utilizando-se do método dedutivo, de procedimentos monográficos e de evidências empíricas.

BREVES CONSIDERAÇÕES HISTÓRICAS DA REFORMA TRIBUTÁRIA CONSTITUCIONAL NA REPÚBLICA BRASILEIRA

Apresenta-se neste capítulo apontamentos acerca de alguns pontos da Reforma Tributária constitucional na República brasileira até a Constituição Federal de 1988. Para tanto, realizou-se levantamento por períodos e épocas, com posicionamentos de autores sobre alguns temas importantes como a reorganização e tributação sobre consumo, sobre propriedade a transmissão de bens imóveis a competência do poder de tributar e da arrecadação de imposto pelos entes tributantes União, Estados e Municípios.

No início da República, a evolução do sistema tributário foi marcada por mudanças significativas que refletiram os desafios e demandas da época. Levando em consideração o histórico, destaca-se a Constituição de 1934 que introduziu importantes inovações, como a expansão das competências tributárias e repartição das receitas entre as esferas de governo. Já a Carta de 1946, promoveu ajustes no sistema, visando aprimorar a arrecadação e distribuição de recursos. A Constituição de 1967, emendada em 1969, consolidou algumas dessas mudanças, reafirmando a progressividade do imposto de renda e a autonomia municipal na instituição de impostos. Por fim, a Constituição de 1988 representou um marco na evolução do sistema tributário ao estabelecer princípios como a capacidade contributiva e a seletividade dos impostos, buscando promover uma maior justiça fiscal.

Conforme precisa Oliveira, (2020, posição 295), com o início da República na Constituição inicial em 1891 até a Constituição de 1937 em matéria tributária, houve definição de competências tributárias entre Estados da federação e a União acerca dos tributos, a depender da hipótese de incidência e forma de cobrança com maior distributividade.

Com ajustes paulatinamente e mudanças na estrutura do sistema tributário, a maior receita do país no início do século XX ainda se baseava no comércio exterior, já com um sistema constitucional e normas infraconstitucionais à sua época.

Varsano (1996, p. 2) explana que a República Federativa herdou o sistema tributário do império, ajustando-se paulatinamente. A república iniciou até os anos 30 do século XX, com base agrícola e receitas advindas do comércio exterior como principal fonte de recursos do Estado brasileiro. Varsano aponta que o imposto sobre a renda geral se deu somente após 1924. Pondera ainda, em relação ao consumo, a tributação já ocorria em 1892, com imposto sobre o fumo e posterior sobre outros produtos.

Assim, considera-se, salvo pequenos ajustes na área tributária, que o governo manteve como sua principal fonte de renda o comércio exterior, como explana Varsano (1996, p. 3), com arrecadação de recursos sob o governo central, ou seja, a União.

De 1934 a 1946, com a reforma constitucional, a distributividade evidenciou-se com a divisão arrecadatória e redistribuição de tributos aos entes tributantes: União, Estados e Municípios.

No mesmo sentido, Varsano (1996, p.3) ratifica que na Carta de 1934, houve importantes mudanças na estrutura tributária, como a predominância de tributos internos sobre produtos e distribuição de competências tributárias aos Estados e Municípios.

Pêgas (2020, p. 5) afirma, sobre a Constituição de 1934, ainda sob o governo de Getúlio Vargas, houve a introdução do regime de separação de fontes tributárias com a predominância de cobrança de impostos internos.

Não diferente na Constituição de 1937, já no Estado Novo, com a mesma base da Constituição de 1934, fundamentada nos artigos 11, 17, 19, 91,154 e 186, segundo explana Bolognese (2024, p.18) com a manutenção dos avanços da Carta de 1934, o Estado brasileiro, assim como resto do mundo, passa por transformações, seja em estado de guerra, seja em crescimento populacional ou no sistema tributário, e tende a ajustar-se à sua época para atender às necessidades populacional e regional.

Do Império à República, no final do século XIX e início do século XX, o sistema tributário após algumas décadas, sobretudo nesse primeiro período, evoluiu paulatinamente, especialmente no que se refere ao direcionamento, competência e partilha dos tributos.

Cordeiro (2018, p. 45) destaca que os impostos sobre a propriedade, hoje conhecidos como IPTU e ITR, foram alçados na Constituição de 1891 em seu artigo 9º, item 2º. Eram de competência dos Estados, porém, na Constituição de 1934, passou a ser de competência dos Municípios, os imóveis urbanos; e da União, os imóveis rurais.

Do mesmo modo, Cordeiro (2018, p. 102) explana que os impostos de transmissão de bens, anteriormente conhecido como SISA, constantes da Carta de 1891, também sofreram alterações posteriores a nível de competência e de denominação, em vigor, o Imposto sobre Transmissão de bens Inter vivos (ITBI) e o Imposto sobre Transmissão Causa Mortis e Doação (ITCMD).

Já no decorrer da década de 1930, após a Revolução Constitucionalista, o sistema governamental, com a promulgação da Constituição de 1934, começou a tomar forma, adotando um modelo mais distributivo, sendo considerado mais justo, direcionando a partilha dos tributos aos Estados e Municípios.

Destacamos o SISA, vigente ITCMD, permaneceu sendo competência dos Estados, mesmo com a criação do Código Tributário Nacional (CTN) em 1966. Com a recepção do CTN na Carta Maior de 1988, a competência da causa mortis passou aos Estados e Transmissão de Bens Imóveis em Atos Intervivos aos municípios.

Outros impostos, como o próprio imposto de renda (IR) na República, criado em 1894 e declarado inconstitucional em 1895, remete sua criação efetiva na EC aprovada em 1914, denominado taxes on income, segundo Cordeiro, (2018, p. 454).

Em relação a tributos, destacamos o Imposto sobre Produtos Industrializado, antigo imposto sobre consumo, existente desde a Constituição de 1891. É conhecido como IPI e, conforme expõe Cordeiro (2018, p. 507), foi editado com a atual nomenclatura por meio do Decreto n. 34 de 1966, prestigiado na Constituição de 1988 em seu art. 153, IV.

Assim, levando em consideração esse período inicial da República, em especial no decorrer da década de 30, após a Revolução Constitucionalista, o sistema tributário governamental, com a promulgação da Constituição de 1934, começou a tomar corpo, usando uma forma mais distributiva, considerada mais justa, direcionando a partilha aos Estados e aos Municípios.

O período pós-guerra mundial, tanto o Brasil como no resto do mundo, promoveu transformações e necessidades daquela época, necessitando de ajustes, regramento e codificação de sistemas arrecadatórios ajustados com crescimento populacional a recessão e a industrialização trabalhando intensamente, buscando outras fontes arrecadatórias internas

Schoueri (2024, posição 2911) argumenta que o primeiro passo para codificação de um sistema tributário robusto se deu na Constituição de 1946, em seu artigo 5º, XV, "b", como a competência da União em legislar sobre direito financeiro, referindo-se e inspirando-se no Congresso Jurídico do Centenário do Instituto dos Advogados (IA).

Bolognese (2024, p. 18) expõe quadro do sistema tributário em relação às constituições anteriores. Observa-se que há mais artigos voltados à tributação, como os artigos 15, 17, 19, 21, 27, 28, 31, 32, 141 e 202 daquela Carta Maior de 1946.

A Carta de 1946 concedeu maior independência aos poderes e ampliou a autonomia dos Estados e Municípios, que passaram a receber aumento de receitas com a transferência de impostos, assim como a EC de 1960.

Varsano (1996, p. 8) afirma que o imposto sobre vendas e consignações de competência dos Estados representava 60% das receitas, enquanto os municípios ficavam com a fatia dos impostos sobre as indústrias, profissões e predial na casa de 40% e 30%. Já a União, com o imposto de consumo na casa dos 40% de receita, retratava, sobretudo, que o país passava a utilizar as bases domésticas como fonte de receitas, começando um processo de industrialização sustentável.

Aponta Varsano, ainda, que na Constituição de 1946 houve poucas mudanças em relação aos tributos. No entanto, foram adicionadas novas competências tributárias aos municípios, como o imposto do selo municipal, imposto sobre indústrias e profissões, sendo este de competência dos Estados, mudando a discriminação de rendas nas esferas de governo.

Nos anos seguintes, a distribuição dos recursos tornou-se ainda mais equitativa, com regras mais claras que garantiram aos municípios uma fatia maior dos recursos destinados a investimentos.

O sistema tributário sofreu uma significativa mudança em 1965 com a EC n. 18, que propiciou a criação do CTN, em 1966, o qual posteriormente foi recebido pela Constituição de 1967, com um capítulo exclusivo ao sistema tributário "Capitulo V – Do Sistema Tributário".

OS AVANÇOS SOB A EC N. 18/1965 E A CODIFICAÇÃO TRIBUTÁRIA PELO CTN/1966 À CF DE 1988.

Diante de tantas transformações, inclusive em questões mundiais com e regimes de governos, na década de 60, segundo Pêgas (2020, p. 5), houve a significativa Reforma Tributária, iniciada com a EC n. 18/1965, que posteriormente culminou com o Código Tributário, instituído pela Lei n. 5.172/1966 e recepcionado pela Constituição de 1967.

O Código de 1966 criou o CTN vigente, o qual sofre ajustes paulatinamente nos mais de 50 anos de vigência do Código Tributário, como elenca Pêgas (2020, p. 6).

Seguindo o que já havia posto à Constituição de 1946, o país teve um salto para codificação após 1964 a 1967 já sob o Regime de Governo Militar no país, com os atos institucionais decretados, há na Constituição de 1967, essa ratificação da EC n. 18/1965 com autonomia dos Estados, e a vigência do código recém-criado em 1966, e AI "1" de 1969, com capítulo V exclusivo ao sistema tributário no artigo 18 e seguintes daquela Carta Maior.

Até a promulgação da Constituição de 1988, os ajustes deram-se por meio de leis e instruções normativas, criando regras e obrigações acessórias aos contribuintes, objetivando maior controle e arrecadação.

Como aponta Oliveira (2016, p. 100), a evolução tributária de forma mais clara e ordenada ocorreu efetivamente com a compreensão da capacidade tributária passiva e da sujeição tributária a partir da EC n. 18/1966, que propiciou a criação do Código Tributário e direcionou um ramo específico do direito para o assunto "tributos", que antes estava ligado ao direito financeiro.

Oliveira (2016, p. 103) ratifica, ainda, que a evolução tributária, desde as leis ordinárias e normas de até antes do CTN até os últimos anos, está vigente, salvo alguns ajustes com leis específicas em relação a tributos e normas ou regras, ou editadas por instruções normativas.

Com a promulgação da Carta Cidadã de 1988, o direito tributário com a recepção do Código Tributário Nacional (CTN) de 1966, e os princípios inerentes como a legalidade, anterioridade, não confisco como exemplo e tantos outros princípios e um sistema já robusto, com diversos artigos explícitos como artigos 145 a 156, 175, 195, 239 e 240, dando corpo ao regramento e às análises sobre criação, competência e forma.

Embora existam diversas leis específicas, como a Lei Complementar n. 123/2006, que criou um sistema simplificado diferenciando micro e pequenas empresas das demais, com benefícios e simplificação das obrigações acessórias e, supostamente, melhores alíquotas de impostos, o tratamento diferenciado para pequenas e médias empresas ainda não se mostra suficiente para o crescimento dos negócios, especialmente em momentos de crise.

Considerando os avanços acerca da tributação sobretudo no período pré e pós criação do Código Tributário Nacional e todas as atualizações inerentes a tributos e base do sistema tributário, regido por regras de equilíbrio e justiça fiscal, com a proteção do contribuinte e a suposta eficiência arrecadatória, fazendo-se necessário atualizações constantes à seu tempo, com ajustes, como por exemplo, a eliminação da bitributação em alguns casos, levando a onerosidade excessiva dos tributos e tantos outros ajustes que acabam passando pelo judiciário pátrio, antes de chegar a discussão no Congresso Nacional.

A TRIBUTAÇÃO E O SISTEMA TRIBUTÁRIO PÓS-CONSTITUIÇÃO DE 1988

Com a promulgação da Constituição Federal de 1988 em respeito ao princípio da recepção das normas, como bem explana Melo (2016, p. 55), houve aplicação restrita do CTN, dada as inúmeras emendas Constitucionais e leis Complementares sobre a estrutura de impostos.

Nesse sentido, posteriormente a própria Lei do ISS regida pela LC n. 116/2003, Melo destaca que fica assegurada a legislação anterior quando essa incompatível com a legislação referida, traduzindo o princípio da recepção da norma.

Em regra, uma Reforma Tributária visa, sobretudo, à simplificação e à melhoria do sistema arrecadatório, inclusive por meio da unificação ou alteração das bases de cálculo. No entanto, resta saber a quem essas mudanças beneficiarão.

A Reforma Tributária, a depender do setor produtivo, pode variar como benéfica ou não. Por conta disso, os parâmetros ainda são discutidos no Congresso, aguardando projeto de Lei Complementar com o texto-base proposto pelo Poder Executivo para apreciação das casas legislativas, assim como aqueles propostos pelo próprio governo federal.

Essa incógnita, especialmente sobre a possibilidade de maior oneração tributária, causa alvoroço e expectativa, uma vez que os termos anunciados entrarão em vigor a partir de 2029. Nessa linha, a regulamentação aprovada no Congresso Nacional e no aguardo de sanção presidencial, poderá ditar a perspectiva de crescimento em longo prazo.

A reforma em si, segundo estudo de Orair e Gobetti (2018, p. 213), aponta o pragmatismo arrecadatório diante dos ajustes fiscais antes da reforma do sistema tributário, concentrando-se na tributação de bens e serviços, baseando-se no IVA.

Pestana (2024) realça a importância do "ponto de vista do cidadão", sobretudo quando esse começar a pagar o imposto único sobre o valor agregado, tenha a percepção de quanto efetivamente está pagando de consumo. Daí, o contribuinte poder diferenciar com a entrada em operação do CBS e IBS. Ficando a cargo do Comitê Gestor do IVA-Dual reger o regramento visando uniformizar o regramento de arrecadação e distribuição, com uma gestão integrada, cabendo a cada Município e Estado a definição de alíquotas.

Observa-se que essa uniformidade prevista pode beneficiar ou prejudicar os Estados ou Municípios da federação, dependendo do nível de arrecadação ou distribuição do bolo arrecadatório.

Neste sentido, Ramalho (2023) aponta que 2/3 da arrecadação ficam a cargo da União e 26,8% com os Estados, restando apenas 6,9% para os Municípios, considerando as dificuldades para obter recursos suficientes para custear despesas e atribuições constitucionais.

Analisam-se, ainda, os aspectos setoriais e a afetação direta em cada ramo de atividade e sua cota de contribuição ao desenvolvimento e à economia, além de algumas atividades passíveis de prejuízo diante do novo regramento que se anuncia.

Questiona-se se os regimes tributários vigentes, como o Lucro Real, o Lucro Arbitrado, o Lucro Presumido e até o Simples Nacional, sofrerão mudanças e elevação de carga com o aumento das alíquotas dos novos tributos IVA, que englobam o CBS e o IBS.

Há incógnitas, sobretudo no aspecto direcionado aos ramos de atividade, como indústria, comércio e serviços. Busca-se esmiuçar a afetação do setor de serviços. Diante de tantas normas e da possibilidade crescente de investimentos no setor, é fundamental analisar como as empresas de serviços, que são essenciais e, muitas vezes, atuam como atividades auxiliares ou até atividades-fim em setores como indústria, instituições de ensino, hospitais, alimentação, órgãos e repartições públicas, se portarão a partir, e qual será sua projeção a curto e longo prazo.

No conceito de Oliveira (2024, p. 36), desde os anos 80, já havia uma expectativa por ajustes que validem a forma tributária aprovada na Reforma de 2023, buscando, sobretudo, um padrão internacional já utilizado na maioria dos países desenvolvidos. Esse padrão abrange itens e serviços, cálculo por forma, excluindo a tributação em cascata, uniformidade, com o alcance do tributo no destino.

Ainda segundo o autor, a reforma traz a uniformização, a junção de impostos e uma nova roupagem aos tributos.

Gobatto (2024, p. 164) pondera sobre a necessidade de continuidade dos estudos acerca das obrigações acessórias que incidem sobre as novas regras postas, ainda em discussão no Congresso e ainda sobre o que está por vir numa "segunda onda" de reformas, como a do imposto de renda.

Com o arcabouço posto, diante dos tributos recém-unificados, como o IBS e CBS, ainda paira incógnita dessas obrigações, sobretudo com as retenções na fonte em alguns casos de serviços com o ISS. Questiona-se como se regerá a tributação a partir daqui, sobretudo no período de transição, são questionamentos plausíveis de discussão.

Certamente, com a reforma como apresentada e as PLPs para regulamentação e criação dos tributos, parece viável e benéfico, resta saber a quem, ao governo como ente tributante ou ao contribuinte que pagará o preço. São questionamentos a serem avaliados no tempo e contextos que vão se pondo. Há de se analisar o todo, especialmente após a regulamentação total e validade para se desenhar um cenário preciso.

O SISTEMA TRIBUTÁRIO NA CONSTITUIÇÃO DE 1988 E AJUSTES ANTES DA REFORMA

Durante o período republicano, diversos modelos de Reforma Tributária constitucional foram propostos com o intuito de reestruturar o sistema tributário vigente. Alguns dos modelos mais debatidos incluíam a simplificação e unificação de impostos, a introdução de tributos progressivos e a descentralização da arrecadação. Além disso, houve propostas que visavam à redução da carga tributária sobre determinados setores ou regiões do país. A comparação entre esses modelos permite analisar as vantagens e as desvantagens de cada abordagem, fornecendo subsídios para a formulação de futuras reformas tributárias mais eficazes e alinhadas com as demandas da sociedade e da economia brasileira.

O sistema tributário nacional na Constituição de 1988 possui em seu corpo artigos específicos bem desenhados, recepcionando o CTN, Lei n. 5.172/1966, e Leis Complementares regendo o sistema tributário, como pontua Pegas (2020, p. 6).

O CTN pontuou e delimitou a competência de diversos tributos sobre o patrimônio e a renda, produção e circulação, comércio exterior, extração de minérios e recursos naturais. O Código Tributário Nacional já havia sido recepcionado pela Constituição de 1967, durante o Governo Militar, com a União assumindo a maior parte da arrecadação.

A Carta Cidadã de 1988, dentre as diversas reformas pontuais, há destaque inclusive em relação ao sistema previdenciário que muito influência nos negócios, sobretudo, na majoração de tributos sobre a folha de pagamento, onerando sobremaneira o custo e a margem de viabilidade de empresas.

Oliveira (2020, posição 58) aponta o período de 1988 a 1994 com diversos ajustes fiscais, incluindo a substituição da moeda, como novos cruzados reais, Unidade Real de Valor (URV) e Real, gerando o aumentando distorcido do sistema tributário.

Essas reformas foram influenciadas ao momento não só nacional, mas também à realidade internacional, considerando como os sistemas tributários se aplicam em diferentes nações. Isso é particularmente importante, principalmente pelo mercado que balanceia as negociações na compra e na venda de mercadorias no comércio exterior, com importação e exportação de produtos. Nessa análise, considera-se que o país deve se tornar atrativo ao investimento internacional e comercialização, favorecendo o crescimento e distributividade de renda.

Oliveira (2022, p. 11) destaca que em 2004, antes da reforma aprovada no Congresso, já havia outras tentativas de reformulação tributária por mais de uma década, como a PEC n. 293, de autoria de Luiz Carlos Hauly.

No entanto, o impulso necessário só voltou à pauta do Congresso após a reforma previdenciária, com a apresentação da PEC n. 45/2019, de autoria do deputado Baleia Rossi, seguida pela PEC n. 110/2019, do senador David Alcolumbre.

Pode até se alegar que o sistema vigente não é justo e que as mudanças necessárias aprovadas na Reforma de 2023 trarão mais equilíbrio, além de se adequarem às reformas internacionais.

Nessa linha, Santos (2024, p. 8) realça a criação do IVA como a solução para reduzir a complexidade e tornar o sistema mais justo, contribuindo para o crescimento de uma economia sustentável, gerando a expectativa de um sistema atrativo com criação de oportunidades.

Afonso (2020, p. 207) compara o sistema constitucional português com o brasileiro, especialmente em seu artigo 104, item 4, que diz: "A tributação do consumo visa adaptar a estrutura do consumo à evolução das necessidades do desenvolvimento econômico e da justiça social, devendo onerar os consumos de luxo", expondo a previsão constitucional em seus artigos 155, II, e 156, III, entre outros.

Vale ressaltar que a Carta de 1988 já incorporou o código até então vigente, atendendo a muitos anseios e previsões, inclusive em comparações internacionais.

Com o novo contexto, a Reforma de 2023, regida pela Emenda Constitucional n. 132/23, seguindo os conceitos internacionais com a suposta simplificação e instituição do Imposto sobre Valor Agregado (IVA) direcionado ao consumo. É subdividido em outros tributos agregadores e seletivos, o IBS e o CBS, além do IS. Esses tributos ainda estão em processo de implantação e discussão no Congresso, sob o PLC 68/2024, já aprovado e sancionado com vetos, além de outras PLPs.

Santos (2024, p. 11) destaca a oportunidade de adoção do IVA, já utilizado em mais de 160 países, o que traz grandes desafios ao país.

Por outro lado, há certo receio em conviver com dois sistemas durante o período de transição, que vai de 2026 até 2032 em alguns casos, assim como a necessidade de customização de regras, reajuste de preços e adequação da carga tributária e a reestruturação da malha tributária em razão da transferência do tributo para o destino, como bem observa Santos (2024, p. 13).

O Código Tributário Nacional, foi criado por lei ordinária, inerente à época no ano de 1966, como bem explica Schoueri (2024, p. 59), no entanto, a mesma Lei Ordinário que o criou antes, hoje tem força de Lei Complementar, como prevê a Constituição em seu artigo 146.

Com a Nova Reforma, a criação do artigo 156-A no texto constitucional e com a instituição, por lei complementar, do Imposto sobre Bens e Serviços, de competência dos Estados, Municípios e Distrito Federal, ora tramitando no Congresso pela PLP n. 68/2024, o IBS agregará o ICMS (estadual) e o ISS (municipal), sendo um imposto compartilhado.

Na mesma linha, a Reforma introduziu o artigo 195, alínea V, instituindo o CBS em substituição às contribuições PIS/PASEP e COFINS, configurando-se, assim, como um tributo unificado, como os demais da reforma.

Em que pese a restritividade e impacto social, Oliveira (2024) explana que a regra não desonerará o produto, mas sim a pessoa, por meio da distribuição de renda, como ocorre no programa Bolsa Família, principalmente em relação a devolução ao povo em forma de políticas públicas e assistências aquilo que dele de alguma forma é retirado em forma de contribuição, impostos sobre o consumo e devolvido, como no exemplo a programas sociais atendo os desalentados socialmente.

A Reforma, conforme a EC n. 132/23, também criou o Imposto Seletivo (IS), descrito na alínea VII, do artigo 153, da Constituição, com finalidade extrafiscal, incidindo sobre itens prejudiciais à saúde ou ao meio ambiente.

Seguindo os ensinamentos de Schoueri (2024, p.27), que destaca como objetivos principais de um sistema tributário a eficiência com simplicidade administrativa, flexibilidade, equidade e responsabilidade política.

O texto da Reforma Tributária, sobretudo na introdução de novos princípios, traz uma perspectiva positiva, mas somente após sua aplicação e análise no período transitório de 2026 a 2033, e sua plena vigência, é que se poderá projetar com precisão os resultados e as possibilidades, evitando-se especulações.

O REGIME TRIBUTÁRIO E TRIBUTAÇÃO DO SETOR DE SERVIÇOS E OBRIGAÇÕES ACESSÓRIAS

Toda empresa ao início de cada exercício, deve se enquadrar a um regime tributário, a depender do regime enquadrado, regerá a determinadas obrigações acessórias. No setor de serviços, referem-se às responsabilidades adicionais que as empresas deste setor têm perante o Fisco. Essas obrigações incluem o cumprimento de declarações, registros e informações complementares, que são essenciais para o controle e fiscalização dos tributos incidentes. Garantir o cumprimento correto das obrigações acessórias é fundamental para evitar autuações e penalidades por parte das autoridades fiscais, além de manter a regularidade fiscal da empresa.

Como finalidade básica, as obrigações acessórias no setor de serviços residem na necessidade de fornecer informações detalhadas sobre as operações realizadas pela empresa, incluindo a prestação de serviços e aquisição de insumos. Essas obrigações têm grande relevância para a apuração correta dos tributos devidos e para o controle da arrecadação fiscal, sendo fundamentais para a transparência e regularidade das operações tributárias no setor de serviços.

Nesse sentido, demonstram-se algumas características do setor de serviços, a LC n. 116/2003 que os codifica e regulamenta as atividades de serviços e a LC n. 214/2025, resultado da aprovação da PLP 68/2024, que estabelece a tributação com unificação do ISS ao ICMS.

A LC N. 116/2003 SOBRE O ISS E ATIVIDADES NO SETOR DE SERVIÇOS

Com a promulgação da Lei Complementar n. 116/2003, as atividades de serviços, ganhou corpo, a LC estabeleceu diretrizes regulatórias como a competência, local do fato gerador e origem do tributo municipal Imposto Sobre Serviços (ISS), com posteriores ajustes pela LC n. 157/2016, LC n. 175/2020, além de diversas PLP em análise no Congresso Nacional.

A LC 116/2003 é um divisor de águas que regulamente as diretrizes e incidência do ISS, com a codificação da atividade de serviços realça um avanço não só para delimitar o tipo de serviço prestado, como para paramentar as alíquotas ao tipo específico de atividade.

O ISS com arrecadação do imposto sob a competência municipal é uma das principais fontes de receita do município, com controvérsias acerca da base arrecadatória, sendo local de origem do prestador ou do local onde efetivamente o serviço foi prestado, ou na sede do tomador de serviços, quando em local diferente, onde o serviço foi efetivamente prestado.

Asseis (2022, p. 1) faz questionamento acerca da decisão do Supremo Tribunal Federal (STF) em RE 784.439 (tema 296 – RG) que forma tese de que a lista de serviços da LC n. 116/2003 é pela taxatividade, mas admite interpretação extensiva a atividades inerentes em relação à incidência de tributos.

O imposto sobre serviços tem muitas controvérsias, salvaguardo posicionamento pela não taxatividade, segundo explana Mello (2011, pág. 46), em decorrência da lista de serviços com subitens descritos com a expressão "congêneres", mesmo esses já constando na lista da LC n. 116/2003, o que por si inviabiliza a municipalidade instituir ISS sobre serviços que possuam a mesma natureza daqueles inseridos na lista da LC n. 116/2003.

Além disso, direciona a base tributária no local da sede da prestadora ou da prestação do serviço em si. No entanto, a Lei Municipal nº 13.701/2003-SP, direciona ao local do estabelecimento do prestador do serviço, salvo previsões na Lei Municipal nº 16.757/17-SP e ADI 5835.

AS PRINCIPAIS CARACTERÍSTICAS DO SETOR DE SERVIÇOS

Cada setor da economia tem sua importância e contribuição para a sociedade. Com o setor de serviços, não é diferente. Em relação à Reforma Tributária realizada pela EC n. 132/2023, o setor de serviços pode ser impactado positiva ou negativamente, dependendo de uma interpretação mais minuciosa da LC n. 214/2025.

Ressalta-se que a possível unificação, como definida na reforma aprovada, e a criação do tributo IBS, dependendo da alíquota unificada, podem resultar em uma maior onerosidade em relação ao que já é aplicado, independentemente do regime tributário, seja ele Lucro Presumido, Simples Nacional, Lucro Real, ou outro.

Mesmo com o processo de transição e a futura aplicação das novas regras, ajustes podem ser necessários, e um planejamento tributário mais completo poderá definir os rumos do negócio e sua sobrevivência. Esses ajustes influenciam inclusive a precificação de produtos e serviços, representando desafios a serem avaliados e adequados à realidade posta.

Desse modo, Santos (2024, p. 24) afirma que os regimes específicos de tributação podem não representar um tratamento mais benéfico, como é o caso, por exemplo, dos serviços de planos de saúde, seguros, serviços financeiros, e saúde, entre outros, mas podem ser cumulativos, incidindo sobre receitas ou faturamento, com alíquotas diferenciadas, o que lança grandes desafios durante este período de transição.

Nesse sentido, serviços gerais, como mão de obra para limpeza, portaria, segurança, jardinagem, paisagismo, além do ramo hoteleiro e até mesmo serviços de controle de pragas, entre tantos outros ramos de atividades voltadas para serviços e à disposição de tomadores, podem ter que enfrentar ajustes e sacrifícios, dependendo das definições e decisões futuras, para viabilizar ou não o negócio em um mercado concorrencial acirrado.

Com a demanda do mercado, especialmente no ramo de desinsetização, a carga tributária já é extensa e consome grande parte do lucro gerado pelos serviços prestados, mesmo sob regimes tributários supostamente mais simplificados, como o Lucro Presumido e o Simples Nacional, dadas as regras impostas e as obrigações acessórias inerentes ao negócio.

REGIMES TRIBUTÁRIOS

As empresas buscam, no planejamento tributário, um alinhamento de menor custo-benefício ao aderir a um regime tributário, considerando os principais regimes, como o Lucro Real, o Lucro Presumido, o Simples Nacional e outros, com exceção do Microempreendedor Individual (MEI), que possui características e limitações próprias e não será objeto deste trabalho. Assim, a opção por um regime ou outro requer um planejamento tributário adequado.

Foram listadas as características dos principais regimes tributários, com projeção de utilização em empresas do ramo de prestação de serviços.

Lucro Presumido

O sistema de Lucro Presumido, introduzido pela Lei n. 9.249/1995 e suas alterações (Leis n°s 9.430/1996, 9.532/1997, 9.779/1999, 9.718/1998, Instrução Normativa (IN) n. 1.700/2017, 10.637/2002), em seu artigo 13, e nos artigos 246 e 516 do Regime do Imposto de Renda (RIR/99), exceto nos casos de obrigatoriedade de adoção do Lucro Real ou quando a utilização do sistema simplificado não for possível, pode ser considerado uma boa opção. Isso se deve à sua forma de tributação, que possui características próprias, semelhante ao regime de Lucro Real, mas sem as exigências de apuração de lucro complexas e com obrigações acessórias flexíveis.

Rocha (2024, p.101) destaca a necessidade de estar dentro das regras com uma série de requisitos para aderir ao regimento de lucro presumindo. Um deles é que o faturamento bruto acumulado projetado ou do ano anterior, seja inferior a R$ 78 milhões de reais por ano. Aponta, ainda, como um dos pontos favoráveis a simplificação dos cálculos do IRPJ e da CSLL com percentuais fixos sobre as receitas, de acordo com a atividade do negócio ou ramo de atividade da empresa.

Cada ramo de atividade detém sua margem de alíquota de presunção, como explana Santos (2006, p. 87).

A título de exemplo, partimos da análise da alíquota máxima de 32% de majoração de lucro para uma empresa hipotética que fatura R$ 100.000,00 em média, projetando a apuração do lucro de forma trimestral, como ilustrado a Tabela 1:

Figura 1

Tabela de Cálculo hipotético de faturamento de empresa de serviços, com base no lucro presumido no trimestre

EMPRESA FICTICIA DEDETIZADORA E CONTROLE DE PRAGAS LTDA

REGIME: LUCRO PRESUMIDO
FATURAMENTO MÉDIO: 100.000
FATOR PRESUNÇÃO ADICIONADO: 10%

mês		faturamento		IRPJ		CSLL		PIS		COFINS		ISS
				32*15%		32*9%		1%		3%		5%
jan-24	R$	100.000,00	R$	4.800,00	R$	2.880,00	R$	650,00	R$	3.000,00	R$	4.999,70
fev-24	R$	100.000,00	R$	4.800,00	R$	2.880,00	R$	650,00	R$	3.000,00	R$	4.983,12
mar-24	R$	100.000,00	R$	4.800,00	R$	2.880,00	R$	650,00	R$	3.000,00	R$	5.000,00
ADICIONAL DO IR			R$	3.600,00								
TOTAIS /	R$	300.000,00	R$	18.000,00								
			R$	18.000,00	R$	8.640,00	R$	1.950,00	R$	9.000,00	R$	14.982,82
TRIBUTOS FEDERAIS				12,530%	R$	37.590,00						
TRIBUTOS MUNICIPAIS				5%	R$	14.982,82						
TOTAL MARGEM GERAL				17,524%	R$	52.572,82						

Criada pelo autor, com base no Decreto n. 3000/1999, art. 516.

Deve ser levando em consideração que a projeção da Figura 1 é voltada para empresas de serviços com faturamento médio de R$ 100.000,00, o que projetou uma alíquota sobre o faturamento bruto de 17,52%, já considerando o ISS de 5%, com base no Município de São Paulo. Parte-se de uma projeção no lucro presumido de 32% sobre o faturamento. Há um adicional sobre o IR de 10% sobre a diferença base que ultrapasse R$ 60.000,00 do lucro projetado no mês, para empresas de serviços, como no caso do ramo específico escolhido neste trabalho, conforme previsão na RIR/99.

Como exemplo na Figura 1, hipoteticamente, apura-se que uma empresa de serviços regida pelo regime de Lucro Presumido, salvo os tributos e taxas municipais com ISS de 2% a 5%, tem os seguintes tributos: considerando um faturamento de R$ 100.000,00 por mês, temos as alíquotas vigentes de PIS e COFINS de 3,65%, em que PIS é 0,65% e COFINS é 3%, resultando em um imposto apurado de R$ 3.650,00. Em relação à CSLL, levando em conta a majoração de 32% sobre o lucro e a alíquota de 9% sobre o lucro do faturamento projetado, temos um tributo trimestral de R$ 8.640,00. Já para o Imposto de Renda, apurado no trimestre, temos um adicional de alíquota final de 10% sobre a diferença majorada de valor. Ou seja, quando a apuração projetada de lucro de 32% no trimestre ultrapassa os R$ 60.000,00, deve-se aplicar, sobre a diferença apurada, a alíquota de 15% sobre o lucro, mais 10% sobre a diferença. Assim, o imposto de renda trimestral apurado foi de R$ 18.000,00.

Portanto, considerando os dados apurados, com impostos federais sobre o faturamento, há uma tributação mensal de 12,524%, levando em conta o adicional de IRPJ (IRPJ=300*32%*15%+10%s/# + CSLL=300*32%*9% + PIS 300*0,65% + COFINS 300*3%). Se somarmos o ISS das prefeituras, a uma alíquota de 5%, teríamos uma tributação sobre o faturamento bruto estimado em 17,524%, considerando a média mensal hipotética de R$ 100.000,00 na apuração trimestral para empresas de serviços, como no ramo escolhido. Em uma análise breve, ao fazer a projeção de faturamento apontado e aplicando as alíquotas base para o Lucro Presumido em comparação com o Lucro Real.

Chaves (2017, p. 13-15) demonstra uma vantagem para o Lucro Presumido. No entanto, é necessário analisar o tipo de empresa, a base de faturamento, e fazer o planejamento em um cenário mais completo para determinar qual regime tributário seria o mais adequado para cada tipo jurídico de negócio.

No que concerne às exigências legais ao regime tributário de Lucro Presumido, sobretudo as obrigações acessórias às empresas optantes por esse regime, considerando apenas o faturamento, temos a DCTF, ECF, EFD e ECD mensais, trimestrais e anuais, visando identificar, apurar e informar os impostos direcionados aos entes tributantes, isso sem contar as obrigações acessórias relacionadas à folha de pagamento.

As características desse regime foram analisadas com base no código vigente e na projeção para a nova regra que entrará em vigor após aprovação no Congresso Nacional. O cenário para esse regime tributário, especialmente para as empresas regidas pelo Lucro Presumido, não é dos melhores à luz da reforma já aprovada, EC n. 132/23, e do regramento ainda em tramitação. Aliás, pode-se considerar que esse regime tributário, diante do que se espera do novo regramento, está fadado à extinção devido à sua onerosidade.

Lucro Real

Em relação ao Lucro Real, trata-se de um regime tributário com maior robustez de apuração, sendo optativo para a maioria das empresas e obrigatório para algumas com ramo de atividade específico definido em lei, como bancos e outros tipos específicos de negócios. Dado sua complexidade de apuração e obrigações acessórias, apura-se com base nas receitas/faturamento, excluindo-se os custos e as despesas, conforme as Leis n°s 7713/1990, 8134/1990, 9250/1995, 1152/2004, 13149/2015 e o regulamento do IR Decreto n. 3000/99.

Partindo da mesma ótica do item anterior, o Lucro Real, as alíquotas de PIS 1,65% e COFINS 7,60% sobre o valor faturado já subtraído o valor de compra PJ, tem uma projeção maior de alíquota final, sobretudo porque, em regra, as empresas de serviços demandam um volume de aquisição/compras menor do que as empresas de comércio/revenda. Ou seja, se considerarmos uma projeção de 10% de compras e aquisições para a prestação de serviços, digamos que 90% do valor é tributado. Aplicando-se as alíquotas cheias de tributos PIS/COFINS, já se visualiza um aumento considerável. Logo, em números finais, pode-se concluir que o sistema de Lucro Presumido seria uma melhor opção em comparação ao Lucro Real, dependendo do caso e da situação concreta de cada negócio.

Segundo a análise de Chaves (2018, p.13), o Lucro Real é a melhor opção de regime tributário em relação a outros regimes, como o Lucro Presumido. Somente se aplica as empresas com características específicas, sobretudo com elevado número de movimentações, faturamento e funcionários passíveis de creditar-se ou diminuir a base de lucro. Ou seja, indústrias, grandes empresas com volume de funcionários celetistas, que usam matéria prima ou produção, ou ainda grande demanda de despesas como exemplo de empresas passíveis de vantagem ao aderir o regime de Lucro Real

Simples Nacional

O regime simplificado do Simples Nacional, que instituiu o Estatuto Nacional da Micro e da Empresa de Pequeno Porte, alterou diversos artigos de leis, decretos, Lei Complementar da Consolidação das Leis do Trabalho (CLT), Previdência e outros dispositivos legais, visando à simplificação de tributos e obrigações acessórias.

Criado pela Lei Complementar n. 123 de 2006, o regime passou por diversos ajustes e complementações ao longo de 17 anos, abrangendo diversas atividades do setor produtivo. A simplificação arrecadatória e administrativa, com obrigações acessórias simplificadas, é um dos pontos positivos desse regime tributário.

O regime do Simples Nacional adota como base tributária alíquotas diferenciadas, distribuídas em 5 anexos: o anexo I para o comércio, o anexo II para a indústria, e os anexos III, IV e V voltados para os serviços, diferenciados por ramo de atividades. Nos respectivos anexos, há diversas faixas de tributação e alíquotas, que variam conforme o faturamento mensal e o acumulado nos últimos 12 meses, determinando a alíquota aplicável naquele mês.

Segundo Santos (2006, p.27), para enquadrar-se no regime do Simples Nacional, não deve haver impedimentos previstos nos artigos 5º e 20 da IN SRF 608/2006.

Uma vez aprovada a opção de enquadramento, a pessoa jurídica terá unificados os impostos IRPJ, PIS/PASEP, CSLL, COFINS, IPI, INSS (parte da empresa), além de outros impostos, alguns opcionais.

Um dos pontos negativos do Simples Nacional, além de não ser direcionado a todo tipo de negócios e empresas — item que está sendo melhorado com a inclusão de outros ramos de negócios, desde sua criação em 2006 —, é o fator limitador de faturamento. No entanto, no geral, ainda é considerada a melhor opção para pequenos negócios, dada a simplicidade das obrigações acessórias e a facilidade de apuração do imposto devido.

Para ilustrar e concluir sobre as vantagens, usa-se como exemplo hipotético as empresas de serviços, descritas no portal do Simples Nacional. Exporemos as mesmas bases de faturamento anteriores voltadas para empresa de serviços hipotética com faturamento médio de R$ 100.000,00 e acúmulo anual de R$ 1.200.000,00, assim como na figura 2 logo abaixo, direcionada a tipos específicos de serviços do anexo IV do regime Simples Nacional.

Figura 2

Simples Nacional, demonstra as empresas que devem seguir pelo anexo IV

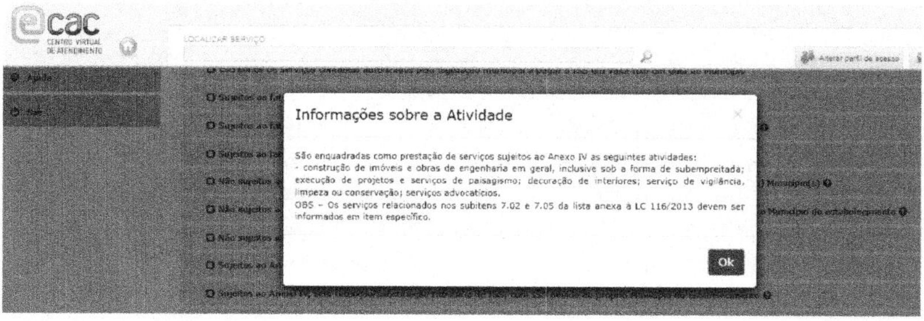

Fonte: E-CAC Receita Federal, portal do Simples Nacional e Lei Complementar n. 123/2006. Imagem capturada de tela do Portal de Apuração do regime tributário do Simples Nacional, demonstra as empresas que devem seguir pelo anexo IV.

Figura 3

Lançamento do faturamento no Sistema do Simples Nacional na RBF

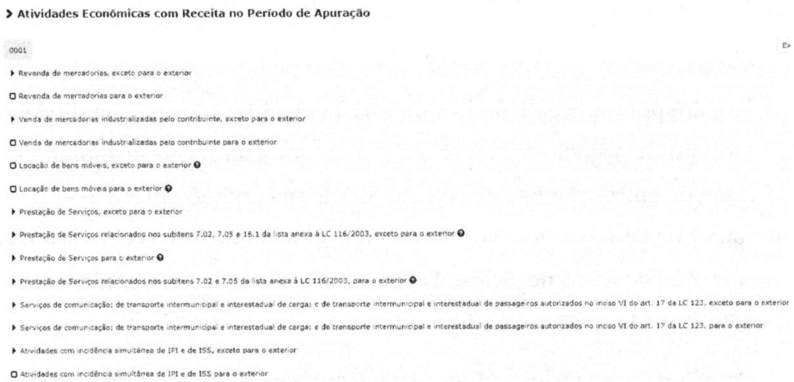

Fonte: E-CAC Receita Federal, Portal do Simples Nacional e Lei Complementar n. 123/2006. Imagem capturada de tela do Portal de Apuração do regime tributário do Simples Nacional.

Figura 4

Lançamento do faturamento, anexos de serviços no Sistema do Simples Nacional na RBF

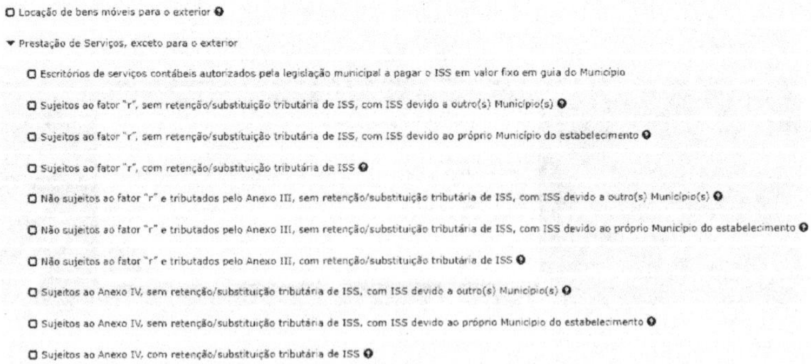

Fonte: E-CAC Receita Federal, portal do Simples Nacional e Lei Complementar n. 123/2006.

Imagem capturada de tela do portal de Apuração do Regime Tributário do Simples Nacional, demonstra o direcionamento para empresas de serviços lançarem os valores de faturamento.

Figura 5

Lançamento do faturamento anexos de serviços no Sistema do Simples Nacional na RBF

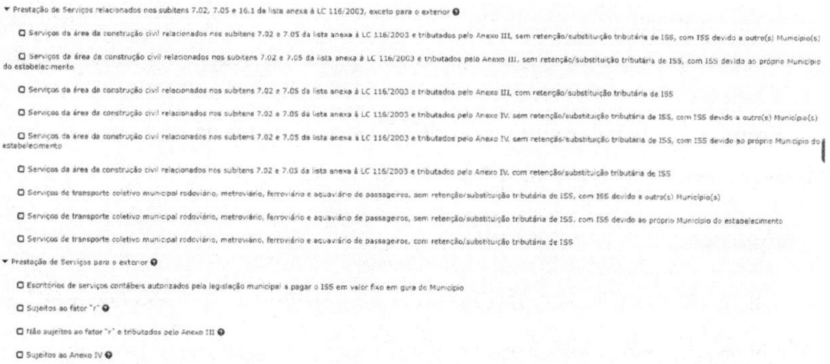
▾ Prestação de Serviços relacionados nos subitens 7.02, 7.05 e 16.1 da lista anexa à LC 116/2003, exceto para o exterior

- ☐ Serviços da área da construção civil relacionados nos subitens 7.02 e 7.05 da lista anexa à LC 116/2003 e tributados pelo Anexo III, sem retenção/substituição tributária de ISS, com ISS devido a outro(s) Município(s)
- ☐ Serviços da área da construção civil relacionados nos subitens 7.02 e 7.05 da lista anexa à LC 116/2003 e tributados pelo Anexo III, sem retenção/substituição tributária de ISS, com ISS devido ao próprio Município do estabelecimento
- ☐ Serviços da área da construção civil relacionados nos subitens 7.02 e 7.05 da lista anexa à LC 116/2003 e tributados pelo Anexo III, com retenção/substituição tributária de ISS
- ☐ Serviços da área da construção civil relacionados nos subitens 7.02 e 7.05 da lista anexa à LC 116/2003 e tributados pelo Anexo IV, sem retenção/substituição tributária de ISS, com ISS devido a outro(s) Município(s)
- ☐ Serviços da área da construção civil relacionados nos subitens 7.02 e 7.05 da lista anexa à LC 116/2003 e tributados pelo Anexo IV, sem retenção/substituição tributária de ISS, com ISS devido ao próprio Município do estabelecimento
- ☐ Serviços da área da construção civil relacionados nos subitens 7.02 e 7.05 da lista anexa à LC 116/2003 e tributados pelo Anexo IV, com retenção/substituição tributária de ISS
- ☐ Serviços de transporte coletivo municipal rodoviário, metroviário, ferroviário e aquaviário de passageiros, sem retenção/substituição tributária de ISS, com ISS devido a outro(s) Município(s)
- ☐ Serviços de transporte coletivo municipal rodoviário, metroviário, ferroviário e aquaviário de passageiros, sem retenção/substituição tributária de ISS, com ISS devido ao próprio Município do estabelecimento
- ☐ Serviços de transporte coletivo municipal rodoviário, metroviário, ferroviário e aquaviário de passageiros, com retenção/substituição tributária de ISS

▾ Prestação de Serviços para o exterior

- ☐ Escritórios de serviços contábeis autorizados pela legislação municipal a pagar o ISS em valor fixo em guia do Município
- ☐ Sujeitos ao fator "r"
- ☐ Não sujeitos ao fator "r" e tributados pelo Anexo III
- ☐ Sujeitos ao Anexo IV

Fonte: e-CAC, Receita Federal. Portal do Simples Nacional e Lei Complementar n. 123/2006.

Todos os quadros extraídos do portal do Simples Nacional disponível em: < https://cav.receita.fazenda.gov.br/ecac/Aplicacao.aspx?id=10009&origem=maisacessados > retratam o leque de serviços e seus anexos específicos dentro das regras da Lei Complementar n. 123/2006, Lei da Micro e Pequena Empresa e o Sistema Simplificado (Simples Nacional).

Da mesma forma, conforme as Tabelas (figura 6 a 8), destacamos as alíquotas em cada anexo do sistema simplificado do Simples Nacional, distribuídas por atividade. Destaca-se que as alíquotas dependerão do faturamento bruto acumulado nos últimos 12 meses, como descrito nas tabelas:

Figura 6

Tabela do Simples Nacional regidas pelo anexo III "empresas de serviços"

Anexo III do Simples Nacional

Prestação de Serviços

Receita Bruta acumulada nos 12 ultimos meses	aliquotas	valor a deduzir em R$	
fat. ate 180.000.00	6%		0,00
de 180.000,00 a 360.000,00	11%	R$	9.360,00
de 360.000,00 a 720.000,00	14%	R$	17.640,00
de 720.000,01 ate 1.800.000,00	16%	R$	35.640,00
de 1.800.000,01 a 3.600.000,00	21%	R$	125.640,00
de 3.600.000,01 a 4.800.000,00	33%	R$	648.000,00

Fonte: Lei Complementar n. 123/2006, demonstra as alíquotas do anexo III do regime tributário do Simples Nacional – Serviços.

Figura 7

Tabela demonstra as alíquotas do regime tributário Simples Nacional regidas pelo anexo IV "empresas de serviços"

Anexo IV do Simples Nacional

Prestação de Serviços

Receita Bruta acumulada nos 12 ultimos meses	aliquotas	valor a deduzir em R$	
fat. ate 180.000.00	4,50%		0,00
de 180.000,00 a 360.000,00	9,00%	R$	8.100,00
de 360.000,00 a 720.000,00	10,20%	R$	12.420,00
de 720.000,01 ate 1.800.000,00	14,00%	R$	39.780,00
de 1.800.000,01 a 3.600.000,00	22,00%	R$	183.780,00
de 3.600.000,01 a 4.800.000,00	33,00%	R$	828.000,00

Fonte: Lei Complementar n. 123/2006.

Figura 08

Tabela demonstra as alíquotas do regime tributário Simples Nacional regidas pelo anexo IV "empresas de serviços"

Anexo V do Simples Nacional

Prestação de Serviços

Receita Bruta acumulada nos 12 ultimos meses	aliquotas	valor a deduzir em R$	
fat. ate 180.000.00	15,50%		0,00
de 180.000,00 a 360.000,00	18,00%	R$	4.500,00
de 360.000,00 a 720.000,00	19,50%	R$	9.900,00
de 720.000,01 ate 1.800.000,00	20,50%	R$	17.100,00
de 1.800.000,01 a 3.600.000,00	23,00%	R$	62.100,00
de 3.600.000,01 a 4.800.000,00	30,50%	R$	540.000,00

Fonte: Lei Complementar n. 123/2006.

As Tabelas 2 a 4, produzidas a partir da Lei Complementar n. 123/2006, Portal do Simples Nacional e outros portais privados como o Contabilizei e Portal Tributário, retratam pormenorizadas as alíquotas inerentes na faixa de faturamento ao anexo voltado para determinado ramo de atividades de empresas de serviços.

Partindo de uma análise, observa-se que no sistema simplificado, cada ramo de atividade é direcionado a um determinado anexo, que por sua vez baseia suas alíquotas e regras a essa atividade prevista. Nota-se que os anexos I e II direcionam-se às atividades de indústria e comércio, respectivamente, e a partir do anexo III até o V, voltados para os ramos de serviços, a depender do objeto de atividade que se enquadram.

Por mais que seja um sistema simplificado, como vemos nas tabelas, deve haver cuidado na escolha entre esse regime tributário e os demais.

Exemplificando usamos como base o ramo de atividade de serviços de desinsetização e controle de pragas, o qual se vincula ao anexo IV no regime do Simples Nacional, e pela nessa tabela prática não há sem fator "r", logo, a alíquota de 4,5 a 14%, podendo ir a 33% a depender do fator e faturamento aplicado na quarta faixa de base de faturamento acumulado no período de 12 meses, considerando ainda, o valor a deduzir do montante quando aplicado à tabela específica, tudo conforme artigo da 18 da LC 123/2006 e seus parágrafos.

O que determina a alíquota é o faturamento acumulado nos 12 últimos meses de faturamento, no qual a empresa paga o imposto apurado mês a mês sobre o faturamento bruto a uma alíquota projetada dos 12 últimos meses na faixa acumulada. Nesse sentido, como a projeção média de R$ 100.000 e faturamento acumulado de R$ 1.200.000, teremos uma alíquota de 11% de imposto no regime do Simples Nacional em R$ 11.000,00, considerando os parâmetros postos, como demonstrado na Tabela na figura 9.

Figura 9

Tabela demonstra as alíquotas do regime tributário Simples Nacional regidas pelo anexo IV aplicada a uma empresa de serviços hipotética com faturamento médio de R$ 100.000,00.

EMPRESA FICTICIA DEDETIZADORA LTDA

ANEXO IV

REGIME: SIMPLES NACIONAL

FATURAMENTO MÉDIO: R$ 100.000,00 CONSIDERANDO 12 MESES acumulado R$ 1.200.000,00

IMPOSTOS UNIFICADOS - SIMPLES NACIONAL

mês		faturamento		IRPJ		CSLL		PIS		COFINS		ISS
jan-24	R$	100.000,00	R$	1.780,00	R$	1.920,00	R$	410,00	R$	1.890,00	R$	5.000,00
TOTAIS	R$	100.000,00	R$	1.780,00	R$	1.920,00	R$	410,00	R$	1.890,00	R$	5.000,00
alíquotas				1,78%		1,92%		0,41%		1,89%		5,00%
TRIBUTOS FEDERAIS										6,00%	R$	6.000,00
TRIBUTO MUNICIPAL										5,00%	R$	5.000,00
PERCENTUAL S/ FATURAMENTO BRUTO										**11,00%**	**R$**	**11.000,00**

fonte Lei 123/2006

Fonte: Lei do Simples Nacional, Lei Complementar n. 123/2006 e portal do E-CAC Simples Nacional.

No exemplo da Tabela da figura 9, transparece a viabilidade vantajosa do sistema Simples Nacional em relação aos demais, mas não se está considerando a majoração dos tributos incidentes sobre a folha de pagamento, como a contribuição patronal previdenciária (CPP), seguindo as regras do Lucro Presumido e patronal em guia à parte, fora os 3ºs SENAI, SESI, SENAT.

Pondera-se ainda que ao considerar a opção pelo regime simplificado, o faturamento auferido pela empresa ficará limitado aos valores estipulados na Lei n. 123/2006, conforme o sistema simplificado e as alíquotas majoradas que dependem do faturamento acumulado nos 12 últimos meses como fator de cálculo.

O Art. 3º da PEC n. 45/2019, com vigência a partir de 2027, aponta o tratamento diferenciado às micro e pequenas empresas, ajustando os artigos 146, III, em relação aos impostos previsto nos artigos 155, II, e 156-A e 195, I e V, todos da Lei Maior, como explica Bonafé Jr., (2024, p. 96) em relação ao IBS e a CBS.

Quanto à Reforma Tributária, há uma incógnita em relação às bases, sobretudo no que concerne o ISS e o ICMS, carente ainda da definição das regras ao regime tributário simplificado após a definição e aprovação do PLC n. 68/2023, que tramita no Congresso Nacional, haja vista a unificação de tributos e sua distribuição dentro desse sistema.

Outros regimes de tributação

Dentre os regimes tributários existentes, opcionais aos descritos, temos o Lucro Arbitrado, regido pela Lei n. 8.981/95, regulado pelo artigo 530 e seguintes do Regulamento do Imposto de Renda (RIR) e pelo artigo 47 da respectiva lei que regula o Lucro Arbitrado. Não é o regime mais utilizado, mas tem suas características específicas.

Portanto, conforme a Reforma Tributária toma regramento, ajustes nos respectivos regimes tributários podem ser feitos, abrangendo desde alíquotas até obrigações acessórias.

Ainda assim, a proteção das micro e pequenas empresas, com benefícios simplificados e incentivos — especialmente por serem responsáveis pela maior demanda trabalhista — deve receber uma atenção diferenciada, dada sua importância na economia.

OBRIGAÇÕES ACESSÓRIAS

Este capítulo busca, por meio do posicionamento histórico da República brasileira, trazer a evolução dos tributos ao longo de mais de um século, durante o qual o país passou todo o século XX tentando alinhar e codificar um sistema justo e moderno, que atendesse também às regras internacionais. Somente com a EC n. 18/1965 e o Código Tributário de 1966, sob a Lei n. 5172/66, é que houve um regramento mais claro, embora complexo, que foi se ajustando nas décadas seguintes com leis ordinárias e complementares, diferenciando e beneficiando contribuintes menos favorecidos ou de menor porte.

Entre os destaques estão a Lei Complementar 123/2006, o próprio regulamento do IR e suas adequações subsequentes, além de tantos outros dispositivos que criaram regimes tributários como o Lucro Presumido, o Lucro Real, o Simples Nacional, entre outros, diferenciando empresas por porte ou atividade. Finalmente, após anos de debate, foi aprovada a Reforma Tributária constitucional sob a Emenda Constitucional 132/2023, que oferece um novo fôlego com vistas à simplificação do sistema, como prevê a LC 214/2025.

Em que pese às obrigações fiscais inerentes às pessoas jurídicas de direito privado, diversas são as obrigações a cumprir nas regras do regime tributário como as descritas logo. Em regra, as obrigações acessórias vão desde a simples emissão de nota fiscal a declaração de tributos, como EFD, ECF, ECB, Reinf, DCTF e DCTF-Web, GIA, E-Social, declarações obrigatórias mensais ou anuais, inclusive outras mais a depender da atividade de serviços exercidas.

Alguns autores têm restrição à terminologia aplicada ao termo "acessória" no CTN. Lisboa (2016. p. 59) aponta que o termo "deveres instrumentais" seria mais adequado, devido à lógica e à aplicabilidade.

APONTAMENTOS E CONSIDERAÇÕES ÀS PROPOSTAS QUE REGERAM ANÁLISES SETORIAIS SOBRE A REFORMA TRIBUTÁRIA, PECS NºS 45 E 110 DE 2019, PL N. 3887 DE 2020, EC N. 132/23 E OS PRINCÍPIOS QUE AS REGEM

A Reforma Tributária em si, como bem cita Rosa et al. (2024, p.57) não deveria ser aprovada antes de uma Reforma Administrativa, para se evitar intercorrências práticas, podendo ser mais eficiente.

Depois de longo debate, muitas questões ficaram de fora do texto final aprovado pela EC n. 132/2023, como o imposto de renda e outros voltados à majoração sobre a folha de pagamento de funcionários celetistas e ao custo final ao contribuinte pessoa jurídica e pessoa física.

No entanto, dado a urgência e acordo no Congresso Nacional, para não gerar entrave eterno, os congressistas aprovaram o que era possível, ficando para outro momento as demais questões tributárias, frustrando um pouco as expectativas das instituições representativas de vários setores da economia nacional.

CONSIDERAÇÕES SETORIAIS

Considerando que algumas instituições, conselhos e entidades representativas têm grande relevância e exercem de certa forma um lóbi para aprovação de leis oriundas de seus interesses, sobretudo no que diz respeito à tributação, realizou-se alguns apontamentos acerca desses posicionamentos setoriais, setores como os descritos partem do pressuposto e da análise de como a estrutura de custos e o preço final serão afetados.

Segundo expõe Mendes et al. (2023, p. 25), o PL n. 3887, que visa a criação de CBS em substituição ao PIS/PASEP e à COFINS, de autoria do Poder Executivo à época, bem como a PEC n. 110/2019, de autoria do deputado Hely e posteriormente do Senador Alcolumbre, e a PEC n. 45 de 2019, de autoria do CCiF, apresentada pelo deputado Baleia Rossi, foram unificadas em proposições que culminaram na EC n. 132 de 2023, após grande esforço e debate no Congresso Nacional, frente inclusive a uma resposta necessária após a crise epidêmica da covid-19, e necessidade de adequação à nova realidade mundial.

FEDERAÇÃO DAS INDÚSTRIAS DO ESTADO DE SÃO PAULO – FIESP

Segundo apontamento da FIESP (2023), com a aprovação da Reforma Tributária, o país pode ter um crescimento no Produto Interno Bruto na proporção de 12% a 20% num prazo estimado de 15 anos. Desse modo, destaca-se a necessidade de adoção do imposto de valor agregado, já utilizado em 90% dos países do mundo.

Nesse sentido, o portal Opticanet (2024), alinhando-se ao entendimento da FIESP, aponta que a Reforma Tributária pode gerar uma economia de 112 bilhões de reais, o que representaria um impacto de 2,9% nos balanços das empresas.

CONFEDERAÇÃO NACIONAL DA INDÚSTRIA – CNI

No posicionamento da CNI (2024), a reforma é necessária, tendo em vista a necessidade de maior simplicidade, neutralidade, transparência e isonomia, reduzindo obstáculos ao bom funcionamento de empresas, diante das desvantagens em relação ao mercado externo e aos custos associados à cumulatividade, buscando inclusive uma maior distributividade.

Dessa forma, a indústria apoia a unificação de tributos, alíquotas uniformes no IVA, a não elevação da carga tributária, o direito a crédito amplo, a restituição de saldos credores, a desoneração das exportações e dos investimentos, a tributação no destino, o imposto seletivo, a transparência, o Simples Nacional, o desenvolvimento regional e o período de transição.

Já com a reforma aprovada pela EC n. 132/2023 e o PLC n. 68/2024, segundo apontamento em matéria do Jota (2024, ed. 15 jul.), a CNI destaca pontos críticos ao texto aprovado na Câmara dos Deputados, sobretudo em relação ao aumento de alíquotas inicial de 26,5% para 28%, o que é um retrocesso, assim como questões relacionadas aos regimes aduaneiros e à compensação de incentivos, que dizem respeito ao IBS e à CBS.

É certo que há muito se espera pela reforma com uma expectativa positiva, mas tantos ajustes, principalmente em atendimento aos interesses de um ou outro setor, acabam por desconfigurar a finalidade essencial e prejudicar uma questão tributária em detrimento de outra.

FEDERAÇÃO BRASILEIRA DE BANCOS – FEBRABAN

Em matéria publicada no O Globo (2024), relata-se que o posicionamento conjunto da FEBRABAN com a FIESP considera positiva a Reforma Tributária, porém, seria melhor se não houvesse tantas exceções, dada à estimativa de alíquotas do IVA em torno de 26,5%.

A FEBRABAN (2024) também afirma que a Reforma Tributária é revolucionária para o consumo, conforme debates realizados em webinars disponíveis no Febraban Tech.

Da mesma forma, com a PLP n. 68/2024, a entidade apresentou sugestões ao texto da Câmara dos Deputados sobre os impostos IBS e CBS e sua incidência nas operações financeiras realizadas por bancos e outras empresas e segmento com regime específico, como o Lucro Real.

Entre as sugestões, está a exclusão da base de cálculo das operações não decorrentes da prestação de serviços não financeiros, que não são feitos por bancos, como é o caso da intermediação financeira.

Embora quaisquer ônus impostos ao contribuinte reflitam, em última instância, no custo ao consumidor final, se a proposta de exceção for aprovada, pode parecer favorecimento a setor A ou B, ferindo os princípios constitucionais.

CONSIDERAÇÕES DIVERSAS

Em atenção aos dados levantados pelas instituições descritas e suas considerações, assim como ao posicionamento do Tribunal de Contas do Estado de São Paulo (TCE), haverá um grande avanço na correção das distorções arrecadatórias, sobretudo nos municípios menores e mais distantes do estado. Com base nos posicionamentos inseridos no contexto geral, a reforma constitucional aprovada pode ser considerada benéfica. No entanto, deve-se observar o impacto no empresariado e nos recursos investidos, que buscam uma margem de retorno.

Ainda em relação à análise da reforma, destaca-se que Szelbracikowski (2023, p. 189) aponta a vedação de incentivos fiscais à alíquota base do IBS, agregador dos impostos ISS e ICMS, e sua uniformidade em todos os setores.

De certa forma, as análises consideram diversos indicadores. Nesse sentido, o TCU, segundo a análise de Borges (2020) e o apontamento de Pestana (2023, p. 18), projeta um crescimento do PIB do país na ordem de 20,5% em 15 anos, o que, em suma, é de grande importância, especialmente diante do crescimento pífio dos últimos anos.

Moura (2024, p. 118) destaca que a participação somente dos agentes do governo ou poder tributante foi bastante incipiente, não havendo regras para um maior envolvimento da sociedade nas pautas de discussões, ou dispositivos voltados para cidadania fiscal e efetivamente aos direitos dos contribuintes e funcionalidade do processo de tributação, ou compreensão as regras.

PRINCÍPIOS PILARES INSERIDOS NA REFORMA TRIBUTÁRIA, EC N. 132/2023

Dentro dos preceitos principiológicos da Reforma Tributária, como bem posiciona Schoueri (2024, posição 8576), os princípios são os principais bem-conceituados com início, base, elementos que dão coesão, nessa mesma linha dos já inseridos na Carta Maior, como "legalidade", "anterioridade", "irretroatividade", "igualdade", "não confisco", dentre outros.

Analisam-se os princípios inseridos na Constituição de 1988 pela EC 132/2023, previstos nos artigos 145, §§3º e 4º, artigo 156-A, §1º. Destacam-se os princípios trazido pela Reforma, prevendo objetivamente o equilíbrio e a correção de distorções do sistema tributário. Os novos princípios tributários, visa-se a simplificação, dando maior transparência arrecadatória e investimentos, sendo mais justo e cooperativos entre os entes tributantes e sociedade, preservando o meio ambiente incentivando a não emissões e neutralidade.

Princípio da simplicidade

Segundo Bolognese, (2024, p. 23), o princípio da simplicidade, explicitamente inserido pela Reforma Tributária constitucional no artigo 145, §3º, aproxima-se ao princípio da eficiência, como resultado na diminuição da burocracia como obrigações acessórias e outros procedimentos de obrigatoriedade do contribuinte. O autor explica que a aplicação do princípio da simplicidade seria benéfica ao fisco e ao contribuinte, contribuindo para eficácia do princípio da justiça tributária.

Previsto ainda no artigo 156-A, §5º, quando se aborda sobre obrigações acessórias, há um rol de obrigações a cargo do contribuinte independente do regime tributário escolhido para o exercício vigente.

A Reforma Tributária busca aumentar a eficiência do sistema por meio da simplificação de processos e redução da burocracia. Isso inclui a unificação de impostos, a eliminação de obrigações acessórias desnecessárias e a implementação de tecnologias que facilitam a arrecadação e a fiscalização. Com a simplificação, espera-se reduzir os custos de conformidade para as empresas e tornar o sistema mais transparente e acessível para os contribuintes. Além disso, a simplificação também visa à redução da sonegação fiscal e o aumento da arrecadação, promovendo um ambiente mais favorável para o desenvolvimento econômico.

Questiona-se se realmente haverá a dita simplicidade do sistema arrecadatória, acesso e entendimento. Certo parece é que o arcabouço de regras para se alcançar esse entendimento de simplificação ficará a cargo dos contadores e tributaristas que se debruçarão ao entendimento das novas regras e obrigação que virão por conta da Reforma.

PRINCÍPIO DA TRANSPARÊNCIA

O princípio da transparência tributária consiste na obrigação do Estado de disponibilizar informações claras e acessíveis sobre a arrecadação e destinação dos recursos públicos, garantindo a prestação de contas à sociedade. Esse princípio tem como base a Constituição Federal e trata-se de um direito fundamental dos contribuintes. Sua aplicação visa promover a justiça fiscal, aprimorar a gestão pública e fortalecer a democracia participativa.

Menke (2024, p.324) traz concepção acerca da novidade positivista do princípio da transparência, assim como o novo IBS em relação a outros princípios, comparado ao já aplicado nos sistemas tributários de outros países, como EUA, Espanha, Itália. Aponta o princípio da transparência generalista, havendo liberdade de obtenção de informações, ou dever do próprio contribuinte disponibilizar informações ao Estado fiscalize dentro das normas tributárias.

A transparência tributária é definida como a divulgação de informações referentes às receitas, despesas e dívidas públicas, possibilitando o acompanhamento e fiscalização por parte da população e do próprio fisco. Seus fundamentos estão pautados na necessidade de garantir a efetiva participação dos cidadãos na gestão fiscal, além de contribuir para a prevenção da corrupção e o combate à sonegação fiscal.

É fundamental para promover a responsabilidade do Estado, possibilitando que os cidadãos exerçam um controle efetivo sobre a gestão dos recursos públicos. Além disso, seus objetivos incluem o fortalecimento da confiança da sociedade nas instituições, a promoção da equidade fiscal e o estímulo à participação cidadã na formulação de políticas públicas.

A legislação brasileira já prevê alguns dispositivos relacionados à transparência tributária, como a Lei de Responsabilidade Fiscal, a Lei de Acesso à Informação e a Lei Complementar nº 101/2000. Além disso, diversas normativas foram editadas ao longo dos anos visando ampliar a divulgação de dados fiscais e o acesso à informação por parte da sociedade.

Espera-se que a inserção do princípio da transparência tributária na Reforma Tributária EC n. 132/2023 traga impactos positivos, como o aumento da confiança dos contribuintes no sistema tributário, a redução da sonegação fiscal e a melhoria do ambiente de negócios. Além disso, a transparência pode contribuir para a tomada de decisão mais informada por parte dos cidadãos e empresas, estimulando a participação ativa na vida pública e no controle social das finanças do Estado. Em suma, os benefícios incluem uma relação mais equilibrada e justa entre o fisco e os contribuintes, bem como um ambiente de maior segurança e previsibilidade para as atividades econômicas.

A divulgação de dados e informações é um aspecto crucial para assegurar a transparência tributária. Isso envolve não apenas a disponibilização de dados brutos, mas também a elaboração de relatórios claros e acessíveis, que possam ser compreendidos pela população em geral. A divulgação de informações sobre a carga tributária, seus impactos e a destinação dos recursos são fundamentais para promover o controle social e o engajamento cívico, contribuindo assim para a legitimidade do sistema tributário.

Diante da análise realizada, é possível concluir que o referido princípio, representa um avanço significativo na legislação tributária do país. A transparência nos processos e na divulgação de dados é fundamental para aprimorar a relação entre contribuintes e órgãos fiscais, promovendo a equidade e a eficiência na arrecadação de tributos. Portanto, sua implementação deve ser acompanhada, visando garantir sua efetividade e, consequentemente, o alcance dos objetivos propostos.

A Transparência trata-se de uma tarefa complexa, o sistema arrecadatório e partilha desses recursos arrecadados com a tributação, deve ter clareza para onde vai e onde são aplicados, retornando à população em forma de políticas públicas. Por regra, não deveria encontrar entraves políticos complexos. Cabe de fato à esperar que haja transparência na arrecadação e destinação.

Princípio da justiça tributária

Jobim (2023, p. 732-733) explana que para ter uma concepção de justiça, é preciso entender o que é preciso para concretizar, o que ela versa, tais concepções de critérios para determinar as situações justas e injustas, em concepções morais diferentes, não existindo, portanto, concepções absolutas ou intrínsecas histórico-cultural de justiça.

O princípio da justiça fiscal e social inserido na Reforma Tributária EC n. 132/2024 tem como objetivo promover a equidade na distribuição da carga tributária, garantindo que os mais favorecidos contribuam de forma justa e proporcional aos seus rendimentos. Além disso, busca-se reduzir as desigualdades sociais por meio de políticas tributárias que favoreçam a progressividade e a capacidade contributiva, garantindo que os recursos arrecadados sejam direcionados para promover o desenvolvimento sustentável e a melhoria da qualidade de vida da população mais vulnerável. Nesse sentido, a Reforma visa estabelecer um sistema tributário mais justo e solidário, contribuindo para a construção de uma sociedade mais igualitária e inclusiva.

Princípio da cooperação

O princípio da cooperação é um dos fundamentos essenciais do sistema tributário brasileiro, estabelecendo a necessidade de colaboração entre os entes federativos na arrecadação e fiscalização dos tributos. Sua origem remonta à Constituição Federal de 1988, representando a busca por uma gestão mais eficiente e harmônica dos recursos públicos. A cooperação entre União, Estados, Distrito Federal e Municípios é crucial para a promoção da justiça fiscal e para a busca do equilíbrio federativo, garantindo maior efetividade na cobrança e aplicação dos tributos em todo o território nacional.

A origem do princípio da cooperação está intrinsecamente ligada à necessidade de superar conflitos de competência tributária entre os entes federativos, bem como de promover uma atuação mais integrada e coordenada na gestão dos tributos. Seus fundamentos encontram respaldo no federalismo cooperativo, que busca a atuação conjunta e colaborativa entre os diferentes níveis de governo. Além disso, a busca pela eficiência na arrecadação e na prestação de serviços à sociedade também fundamenta a inclusão desse princípio na Reforma Tributária, visando aprimorar o sistema fiscal e promover maior justiça social.

A inserção do princípio pela EC n. 132/2023 visa promover uma mudança significativa na relação entre o fisco e os contribuintes, incentivando a colaboração mútua dos entes tributantes e a busca por soluções conjuntas. A inclusão desse princípio busca, sobretudo, fortalecer a transparência e a confiança entre as partes, estabelecendo um novo paradigma de atuação na área tributária na busca de minimizar os conflitos existentes.

A análise comparativa do princípio da cooperação em reformas tributárias busca examinar as experiências de outros países com a implementação desse princípio em suas legislações. Isso envolve estudar como a cooperação entre contribuintes e o fisco tem sido aplicada em diferentes contextos, bem como os resultados obtidos. Essa análise comparativa é de fundamental importância para identificar boas práticas e possíveis desafios na adoção desse princípio no Brasil, contribuindo para embasar a implementação da Reforma.

Em síntese, a cooperação é uma peça-chave para a eficiência e o aperfeiçoamento do sistema tributário brasileiro, cooperação essa inclusive com a criação do Comitê Gestor que conjuntamente aos entes nas esferas de governo, seja municipal, estadual e federal, deverão trabalhar conjuntamente para atingir a finalidade a qual foi criado pela EC n. 132/2023 e LC n. 214/2025.

Princípio da defesa do meio ambiente

A defesa do meio ambiente como base principiológica explicita na Constituição, no rol que trata de matéria tributária, bem dizer na intervenção do Estado com o peso do tributo, como bem explana Quintanilha, (2024, posição 342) sobretudo quando o Estado no intuito de impor sanções seja punitiva ou reparatória, impõe alíquotas e regramento mais seletivo a determinados tipos de segmento de negócios, considerados prejudiciais a natureza, meio ambiente ou saúde humana.

O princípio da defesa do meio ambiente inserido no escopo da Reforma Tributária, adequando-se ao que já consta nas economias desenvolvidas no mundo, ratifica o poder do Estado no sentido de intervir na forma de tributo, como aponta Quitanilha (2024. Posição 344). Trata-se da extrafiscalidade a qual o Estado, não só atua com função arrecadatória, mas usa o meio de política econômica, assim como consta do artigo 43, §4º da Carta Magna.

A tributação alinhada à defesa e proteção do meio ambiente era um ponto buscado pela sociedade. Com a Reforma Tributária, foi introduzido pelo §3º do artigo 145 na Constituição Federal. Busca-se uma hipótese que visa a proteção com tributação específica voltada ao meio ambiente.

Destaca-se, nesse sentido, a priorização de projetos que visem à sustentabilidade e a não emissão de carbono como previsto no artigo 159-S, §2º, da CF.

Princípio da solidariedade e desenvolvimento sustentável

Os princípios da solidariedade e do desenvolvimento sustentável estão inseridos no contexto constitucional, visando promover a equidade social e a sustentabilidade econômica. Isso inclui a adoção de políticas fiscais que contribuam para a redução das desigualdades e para o desenvolvimento socioeconômico equilibrado entre as diferentes regiões do país. Além disso, a Reforma também busca incentivar práticas tributárias que promovam a preservação do meio ambiente e o uso responsável dos recursos naturais. Almeja-se o desenvolvimento sustentável em longo prazo. Dessa forma, a solidariedade e o desenvolvimento sustentável são pilares fundamentais para a construção de um sistema tributário mais justo e alinhado com as necessidades presentes e futuras da sociedade brasileira.

Princípio da neutralidade

O princípio da neutralidade, vem previsto no artigo 156-A, §1º, da CF, nas palavras de Koch (2024, p. 145), o novo Imposto Sobre Bens e Serviços (IBS) com competência compartilhada entre Estados, o Distrito Federal e os Municípios e previsão de neutralidade concorrencial, visa sobretudo, não criar desigualdades e acesso ao livre mercado. Evitando a condição de desequilíbrios nas políticas econômicas.

Assim, compete ao governo as medidas necessárias, devendo os entes dos três poderes – Legislativo, Executivo e Judiciário – interpretar como requisito constitucional a neutralidade, sobretudo no que diz respeito a não cumulatividade. Ou seja, a cadeia produtiva desde a industrialização e circulação, não permitindo que se cobre nas etapas seguintes o imposto cobrado na etapa anterior.

Bolognese (2024, p. 23) aponta que o princípio da neutralidade foi criado especialmente para atender ao Imposto Sobre Bens e Serviços (IBS), diante da unificação dos tributos estadual (ICMS) e municipal (ISS) que contará com a fiscalização e direcionamento da partilha pelo Comite Gestor, crias no mesmo texto de Lei Complementar (LC) 214/2025.

Os princípios e parâmetros são necessários, trazidos na Reforma com a EC n. 132/2023 e aplicados na regulamentação com aprovação da LC n. 214/2025, com a criação dos tributos IBS, CBS e IS e dosimetria com regramento pelo Comitê Gestor, em fase de adaptação e adequação no período de transição previsto na regra matriz.

Há de se destacar o empenho das instituições, com grande interesse e debates, em buscar um sistema mais justo e equilibrado, que permita que o Estado ganhe, mas também não impeça que o empresariado deixe de ganhar, favorecendo a economia e o crescimento como um todo, inclusive do PIB. Assim, instituições como conselhos, federações e associações representativas de diversos setores da economia, como indústria, setor bancário, comércio, serviços e transportes entraram no debate e buscaram consenso para oferecer propostas e saídas viáveis, ao menos em relação a seus interesses.

No entanto, se houve ou não uma aprovação que guarde o consenso, isso só será verificado após o período de transição, que durará cerca de 10 anos. Só então será possível avaliar melhor. Contudo, a reforma é considerada positiva, dentro do que foi possível alcançar.

Os desafios futuros da Reforma Tributária incluem a necessidade de monitorar a implementação dos princípios para garantir que os objetivos de justiça fiscal, eficiência, neutralidade, transparência e outros sejam alcançados. Além disso, será fundamental acompanhamento contínuo para ajustar e aprimorar a legislação tributária, à medida que as circunstâncias econômicas e sociais evoluem. As perspectivas futuras estão centradas na esperança de que a Reforma contribua para a melhoria do ambiente de negócios, a redução da carga tributária sobre a população e o estímulo ao desenvolvimento sustentável, embora exijam constante avaliação e adaptação.

REGULAMENTAÇÃO DA REFORMA TRIBUTÁRIA EC N. 132/2023 ATÉ LC N. 214/2025

PLPs diversificas do Poder Legislativo Federal, nºs 53/24, 59/24, 33/24, 35/24, 43/24, 47/24, 48/24, 49/24, 50/24, 51/24, 52/24, 55/24, 58/24, bases da PLP n. 68/2024 e LC n. 214/2025

O Poder Legislativo, por meio do Congresso Nacional, em cumprimento às responsabilidades que lhes foram incumbidas os deputados e senadores, apresentam em conjunto com outros ou individualmente, ou por meio de seus partidos, propostas visando à regulamentação e regramento da Reforma Tributária, anteriormente aprovada sob a EC n. 132/2023. Assim, os legisladores, conforme a previsão constitucional e suas ideias de como seria a melhor forma de regrar a matéria tributária, debatem o melhor interesse à nação.

A própria Constituição já define a lei complementar como sendo o rito necessário para criação, regulamentação dos novos tributos e organização tributária, conforme prevê o artigo 146. Nesse sentido, os projetos de lei parlamentar que visam à regulamentação da Reforma Tributária, de autoria de um ou outro deputado ou partido, buscam abordar, de forma setorial, cada ramo de atividade, diferentemente da proposta do governo, que apresentou uma proposta geral.

Considera-se importante apontar todas as PLPs direcionadas, conforme relatório dos deputados federais (ver Quadros abaixo). Disponível em: https://www.camara.leg.br/proposicoesWeb/.

Quadro de proposta de Lei Complementar proposta por deputados federais.

PLP/ANO	AUTOR/RELATOR	EMENTA
PLP 53/2024	Deputado Máximo	Dispõe sobre a regulamentação das operações de importação e exportação, regimes tributários e aduaneiros especiais, e zonas de processamento de exportação, conforme previsto na Emenda Constitucional nº 132, de 20 de dezembro de 2023.

PLP/ANO	AUTOR/RELATOR	EMENTA
PLP 59/2024	Deputado Donizete	Dispõe sobre a não incidência do Imposto sobre a Renda nos juros de mora devidos pelo atraso no pagamento de remuneração por exercício de emprego, cargo ou função.

PLP/ANO	AUTOR/RELATOR	EMENTA
PLP 33/2024	Deputado Pazuello	Estabelece instrumentos de ajustes nos contratos administrativos firmados antes da entrada em vigor das leis instituidoras dos tributos de que tratam o art. 156-A e o art. 195, V, da Constituição Federal, inclusive concessões públicas.

PLP/ANO	AUTOR/RELATOR	EMENTA
PLP 35/2024	Deputado Lupio	Institui a Cesta Básica Nacional de Alimentos – CeNA criada pelo artigo 8º da Emenda Constitucional nº 132, de 20 de dezembro de 2023.

PLP/ANO	AUTOR/RELATOR	EMENTA
PLP 43/2024	Deputado Moreira	Regulamenta a tributação dos combustíveis e lubrificantes previstos no inciso I, do §6º, do art. 156-A e art. 195, V, da Constituição Federal.

PLP/ANO	AUTOR/RELATOR	EMENTA
PLP 47/2024	Deputado Neto	Dispõe sobre o Fundo de Sustentabilidade e Diversificação Econômica do Estado do Amazonas (FUNDSAM) e do Fundo de Desenvolvimento Sustentável dos Estados da Amazônia Ocidental e do Amapá.

PLP/ANO	AUTOR/RELATOR	EMENTA
PLP 48/2024	Deputado Passarinho	Institui e regulamenta os regimes diferenciados de tributação previstos no artigo 9º da Emenda Constitucional nº 132, de 20 de dezembro de 2023.

PLP/ANO	AUTOR/RELATOR	EMENTA
PLP 49/2024	Deputada Kicis	Regulamenta a Neutralidade no IBS e na CBS nos termos do artigo 156 – A da Emenda Constitucional n 132, de 20 de dezembro de 2023.

PLP/ANO	AUTOR/RELATOR	EMENTA
PLP 50/2024	Deputado Passarinho	Estabelece a regulamentação da apuração, recolhimento, fiscalização e cobrança; da mediação e do processo administrativo tributário do Imposto sobre Bens e Serviços (IBS) e da Contribuição sobre Bens e Serviços (CBS), tributos previstos nos artigos 156-A e 195, V, da Constituição Federal, e dá outras providências.

PLP/ANO	AUTOR/RELATOR	EMENTA
PLP 52/2024	Deputado Ventura	Institui e regulamenta os regimes específicos de tributação aplicáveis aos serviços financeiros e planos de assistência à saúde, conforme previsto no art. 156-A, II, § 6º da Constituição Federal. Na proposta apresentada pelo nobre deputado, há um direcionamento específico aos serviços bancários, sobretudo no que concernem os serviços de seguros e previdência, com uma projeção de alíquota bem elevada.

PLP/ANO	AUTOR/RELATOR	EMENTA
55/2024	Deputado Linhalis	Institui e regulamenta os regimes específicos de tributação aplicáveis às operações com bens imóveis, conforme previsto na Emenda Constitucional nº 132, de 20 de dezembro de 2023.

PLP/ANO	AUTOR/RELATOR	EMENTA
PLP 58/2024	Deputado Francischini	Dispõe sobre a regulamentação dos regimes específicos previstos na Emenda Constitucional n.º 132, de 20 de dezembro de 2023.

No contexto apresentado nos Quadros acima, observa-se a tentativa de ajuste em cada área com propostas de parlamentares de diversos partidos e regiões do país, buscando, no geral, direcionar a setores ou comissões que fazem parte.

Dentre elas, algumas destacam-se mais que outras, sobretudo no interesse geral dos contribuintes. Nota-se que algumas propostas são voltadas apenas para alguns setores da economia, visando interesses bancários, Zona Franca etc.

Assim, respeitando o prazo previsto na EC n. 132/2023, a União, por meio do Poder Executivo, apresentou em abril de 2024 o projeto de Lei Complementar sob o número 68/2024, que após debate no Congresso Nacional, culminou na criação da LC 214/2025. Busca-se justamente unifica e pacificar a questão e, de forma geral, englobar toda a reforma com sua regulamentação e criação dos novos impostos, como o IVA-Dual e suas ramificações como o IBS, CBS e IS, distribuindo a arrecadação entre União, Estados, Municípios e o Distrito Federal.

No entanto, como se demonstrou nas PLPs de parlamentares, a atenção voltou-se para algumas áreas específicas e de serviços direcionados, em detrimento de outros, que são tratados de forma superficial e genérica.

No item 5.2 serão analisados os pontos principais da proposta apresentada pelo Poder Executivo no Projeto de Lei Complementar 68/2024, que posteriormente aprovou o texto base com a edição da LC n. 214/2025, tentando agregar todos os projetos individuais, anteriormente apresentados, por parlamentares setoristas.

PROPOSTA DE REGULAMENTAÇÃO DA REFORMA TRIBUTÁRIA PELO PODER EXECUTIVO, PLC N. 68/2024 QUE CULMINOU NA LC N. 214/2025

No que concerne ao PLP 68/2024, de autoria da União, após imensos debates e estudos, conforme se verifica no texto final protocolado no Congresso Nacional, o Projeto estabelece as diretrizes previstas na Reforma Tributária trazida pela EC n. 132/2023, derivada da PEC n. 45/2019. Além da PLC n. 68/2024, o Poder Executivo, apresentou no segundo semestre de 2024, a PLP 108/2024, criando o Comitê Gestor do IBS, que administrará e decidirá sobre as questões dos tributos destinados a estados e municípios. Após aprovação final, foi sancionado com vetos, criando a LC n. 214/2025.

O texto em si agrega aos anseios requeridos nas PLPs setoriais já propostas por parlamentares, salvo alguns ajustes passíveis de debate entre deputados e senadores até a aprovação final, com ressalvas nas duas casas legislativas.

Em regra, a LC n. 214/2025 visa, de forma geral, o equilíbrio amplamente debatido, mas, contara com o Comitê Gestor para delimitar as regras e partilha unificada da arrecadação do tributo criado, Imposto sobre Bens e Serviços (IBS), de competência conjunta dos estados e municípios, inferindo os debates nas câmaras municipais e assembleias legislativas estaduais.

APROVAÇÃO DA PLP N. 68/2024 E PROMULGAÇÃO DA LC N. 214/2025

Após debate das PLPs e unificação com esforço concentrado na PLP n. 68/2024, o Congresso Nacional aprovou a regulamentação da Reforma Tributária sancionada pela Presidência da República em 17 de janeiro de 2025 com vetos, propiciando a promulgação da Lei Complementar n. 214/2025. Essa lei traz um marco tributário com o regramento em mais de 500 artigos, voltados ao nono arcabouço tributário, o IVA-Dual e suas ramificações com os tributos IBS, unificação do ICMS e o ISS, e a CBS, do PIS e do COFINS além da IS, criando o Comite Gestor com representação das esferas tributantes, o qual concentrará conjuntamente as diretrizes desses tributos.

IBS PARA O RAMO DE SERVIÇOS E SUA BASE DE INCIDÊNCIA REGIDA PELA LC N. 214/2025

Conforme texto da Reforma Tributária trazido pela EC n. 132/2023, com hipótese prevista na Carta Maior em seu artigo 156-A, §1º, I e II e §8º, o IBS criado e regulado pela LC n. 214/2025 pode ser papel determinante na relação fisco/contribuinte e sobretudo a distributividade dada à união do ISS e ICMS.

Nesse sentido, Castello (2024, p.177) destaca que a incidência do tributo IBS a luz do §1, I, do artigo 156-A incidente sobre serviços, tem a mesma base do tributo incidente sobre o comercio tributos, incide ainda sobre bens materiais e imateriais e direitos, inclusive, tendo a mesma base de incidência da CBS.

Castello (2024, p. 178) ratifica ainda que o texto constitucional traz a análise que o IBS e a CBS devem incidir sobre todas as operações de consumo, quando geram valor agregado, independe de classificação do bem, o serviço transacionado, diferentemente dos critérios adotados pelo ICMS.

O CBS PARA O RAMO DE SERVIÇOS E SUA BASE DE INCIDÊNCIA REGIDOS PELA LC N. 214/2025

Em que pese a Reforma Tributária, com as hipóteses prevista na Carta Maior, sobretudo no que diz respeito ao IVA-Dual em relação às contribuições sociais com a criação e regulamentação do CBS agregando os tributos PIS e Confins, dentro inclusive da simplificação arrecadatória, buscou inclusive de forma principiológica uma melhor compreensão e contextualização do tributo.

Como explana Madeira (2009, p. 27), o Finsocial originário da CF 67/69 e instituído pelo DL n. 1940/82 foi recepcionado pela Carta de 1988 pelo artigo 56 da ADCT (RREE 150.755-1 PE e 150.764-1-PE), como contribuição de seguridade social, posteriormente instituído pela LC n. 70/1991.

Schoueri (2024, p. 160) pondera que a contribuição instituída pelo DL n. 1940/82, denominada "Finsocial", apesar de ter no nome contribuição, tratava-se de natureza de imposto, conforme decido pelo próprio STF (RE 109.484-2-PR 27.05.1988).

No entanto, como explana Schoueri (2024, p. 209), a competência tributária para criação das contribuições sociais deu-se na Carta Maior pelo artigo 149, em regra pela União, com diferenciação de imposto apenas no que diz respeito à afetação, como instrumento de atuação social, com regime jurídico próprio, como prevê o artigo 149, § 1º da CF.

Referenda-se o que está expresso no artigo 193 da Carta Maior sobre a ordem social, com destaque por Schoueri (2024, p. 211) aos artigos 195, 239, 215, §5º, caracterizando-se o princípio da solidariedade, como justificativa.

No entanto, após a instituição da COFINS, criada pela LC n. 70/1991 e regida pela Lei n. 9.718/1998, sofrendo ajustes e adequações ao longo do tempo, como é o caso previsto na lei das Micro e pequenas empresas, LC n. 123/2006 e leis posteriores, regulando desde alíquotas diferenciadas, base de incidência e não cumulatividade.

Em regra, a COFINS é cumulativa quando se trata de regime tributário do Lucro Presumido, ou seja, sobre a base de faturamento bruto total incide alíquota de 3%, já no caso de não cumulativa, como caso do regime tributário de Lucro Real, incide a alíquota de 7,6%, ressalvado o regramento específico abatendo o previsto em lei, salvo se enquadrada no regime simplificado LC n. 123/2006 com alíquotas reduzidas ou isentas, conforme a base de faturamento acumulado.

Já em relação ao PIS/PASEP, de que trata o artigo 239 da Carta Maior e anteriormente criados pelas leis com força de Lei Complementar, n°s 7/1970 e 8/1970 (PIS) e 70/1991 (PASEP) com ajustes na Lei n. 9.718/1998 e posteriores regramentos sobre as Microempreendedor Individua (ME), LC n. 123/2006 como base de isenção e incidência previstos no Simples Nacional, regulando inclusive suas incidências em diversos regimes tributários, como o próprio Lucro Presumido.

Fato é que a Lei n. 9718/1998 estipulava a base de cálculo incidente sobre a receita bruta de forma cumulativa, no entanto, a EC n. 20/1998, posterior à lei, não foi taxativa em relação à incidência sobre a receita bruta, gerando controvérsia, que culminou com a decisão de inconstitucionalidade da respectiva lei pelo STF (RE 585.235).

Neste sentido, Fischer (1999 p. 265) disserta que o PIS e a COFINS classificam-se como mesmo tributo, com destinação à seguridade social, mas com finalidade distinta, carecem de harmonização de modo unificado.

Fischer (1999 p. 388) sugere ainda, dada à finalidade do PIS, melhor seria uma denominação para identificar o tributo, como reputado "Contribuição social sobre o faturamento ao programa do seguro-desemprego e ao abono salarial", considerando a natureza da regra-matriz.

Nota-se que, mesmo após décadas do estudo de Fischer, continua contemporâneo e o tributo ora unificado, com a união do PIS e da COFINS em um único tributo com nova nomenclatura CBS (Contribuição sobre bens e serviços) aproximando da abordagem do autor no intuito de uma nomenclatura que represente a finalidade do tributo.

No que concerne à cumulatividade ou não do tributo, em artigo publicado no portal Jota, Frascino e Moura (2024, p.1) posicionam que a EC n. 42/2003 e a Lei n. 10.833/03 ratificaram a não cumulatividade do PIS e da CONFINS, no entanto, ficaram incógnitas que geraram questionamentos acerca de omissões posteriormente sanadas pelos tribunais superiores, como no Superior Tribunal de Justiça (STJ) (REsp 1.221.170). O tribunal ratificou que a palavra "insumo", constante do texto, se refere à "toda despesa essencial e relevante a exercício da atividade econômica".

Com a vigência da reforma trazida pela EC n. 132/2023 e a criação e regulação do IVA-Dual pela LC n. 214/2025, como a instituição dos tributos CBS (PIS e CONFINS) e ainda o IBS (ICMS e ISS), desenham-se novas diretrizes à incidência, à cobrança, a alíquotas dos tributos recém-criados que pode onerar o já complicado custo empresarial.

Após aprovação da PLP n. 68/2024, trazida pelo Poder Executivo, visando unificar e atender todas as demandas e propostas já apresentadas no Congresso Nacional no prazo estipulado pela EC n. 132/2023, que inseriu no ordenamento jurídico a LC 214/2025 em seus de 542 artigos e anexos, incluindo a essa, a PLP 108/2024 com a criação do comitê Gestor do IBS, pode-se concluir que de fato, diante ainda da análise das propostas de parlamentares e do Poder Executivo, salvo alguma proposta direcionada a um setor de serviços específico, como a PLP n. 52/2024, não se vislumbra a priorização do setor como um todo.

ESTRUTURA DO SETOR DE SERVIÇOS E O POSSÍVEL IMPACTO DA REFORMA TRIBUTÁRIA

O ramo de serviços é amplo, cresce a cada dia, sobretudo, com novas tecnologias e sistema de informação, informação em nuvem, inteligência artificial (IA) e outros. Observa-se que esse setor vai de atividades desde mão de obra empenhadas a serviço de terceiros, como limpeza, portaria, empreita e construção, profissionais liberais, consultoria e assessoria e tantos outros ramos de negócios, assim como aqueles elencados pela LC n. 116/2003.

Assim, para ilustrar, inclusive a codificação disponível no Codigo Nacional de Atividade Econômica (CNAE/IBGE), que dá conta que as empresas constituídas conforme Cadastro Nacional da Pessoa Jurídica (CNPJ) o setor de serviços, se destaca como um dos maiores ramos de negócios que empregam mão de obra celetista no país, com maior contribuição ao PIB nacional e crescimento.

Exemplificando, o setor de serviços presta sua atividade de mão de obra, por exemplo, tanto às empresas como um comércio, um edifício comercial ou residencial, empresas de diversos segmentos, como supermercados, ou até escolas, hospitais e tantos outros ramos, como a indústria ou transportadoras, negócios esses que que depende de prestador de serviços terceirizados seja para atividade fim ou atividade meio. Inclusive uma empresa de serviços prestando serviços outras tantas empresas de serviços e outros ramos de negócios.

Logo, o setor de serviços é de suma importância para a sociedade. Alguns ramos especificamente têm suas peculiaridades acerca de tributos e um planejamento para viabilidade do negócio, como a retenção ou não do INSS sobre as notas emitidas, segundo consta na IN 971/2009 e 2110/2022, artigo 111, inciso I, da Receita Federal, em detrimento da Súmula n. 425 do STJ, que indica a não incidência dessa retenção para empresas optantes pelo regime do Simples Nacional, diferente situação quando essas optantes pelo Lucro Presumido ou outro regime tributário.

Observa-se que não é simples atender e entender o emaranhado de obrigações e regras inerentes à determinada atividade.

O registro das atividades de serviços de forma geral estão enquadras na Receita Federal do Brasil sob o código nacional da atividade econômica (CNAE-IBGE) descritos no NBD (Código de Tributação Nacional) no portal < https://www.gov.br/nfse/pt-br/mei-e-demais-empresas/codigos-de-tributacao-nacional-nbs>, com vasto ramo de atividades em setores que vai desde serviços de beleza e estética pessoal a veículos e animais, até serviços prestados às empresas, como consultoria de gestão até tecnologia, num leque de opções.

POSSÍVEIS IMPACTOS ECONÔMICOS E SOCIAIS DA REFORMA TRIBUTÁRIA DE 2023 NO SETOR DE SERVIÇOS

Salvaguardando as dúvidas que pairam sobre o desfecho e regulamentação da Reforma, com a respectiva criação dos impostos trados pela PLP n. 68/2024, há um longo caminho a ser concluído com a aprovação da Lei Complementar n. 214/2025, com a criação do IVA Dual e sua ramificação pelo IBS, CBS e IS com prazo de validade total na próxima década.

É importante conhecer com exatidão o texto que criou, organizou e regulamentou os novos impostos e suas ramificações nas esferas estaduais e municipais, especialmente o IBS e Comitê Gestor dos recursos.

Bonafé Jr. (2023, p. 448), em análise nas propostas possíveis da PEC n. 45/2023 e PL 38587/2020, projeta alíquotas mínimas de 16% (dezesseis por cento) para o IBS, enquanto a CBS tem uma projeção de 12% (doze por cento), resultando em uma tributação final sobre o faturamento de bens e serviços próxima de 28% (vinte e oito por cento).

Não se pode determinar uma melhora geral, sobretudo para o setor de serviços. No entanto, é possível considerar uma simplificação, mas ao custo de uma possível carga tributária que projeta uma maior precificação dos serviços prestados.

Gobatto (2024, p. 152) destaca as retenções na fonte de tributos e obrigações acessórias, como a DIRF e Reinf, baseando-se na LC n. 116/2003, a DMS e tantas outras declarações e obrigações inseridas no contexto de obrigações do contribuinte pessoa jurídica, que podem ser conflituosas em alguns casos e, com um novo peso diante do período de transição, com as retenções de IR, INSS, ISS e outros impostos antecipados pelo tomador de serviços e repassados ao fisco.

É importante observar que somente as incidências de retenção de impostos agregados no IVA-dual com o IBS e a CBS sofrerão ajustes, mas os impostos não abarcados nesse momento por essas novas regras, como INSS e IR, permanecerão como estão.

Outro ponto de suma importância é a competência conjunta, como município e estado coexistindo na maneira de balancear e obter os recursos, seja por empresas que comercializam e prestam serviços ao mesmo tempo, sendo tributada pelo estado e município e ainda a Uniao, o que ainda se evidenciará a necessidade explicita e necessária do Comitê Gestor a reger os novos tributos IBS e CBS.

Frisa-se que a União criará as regras do IBS via lei complementar já proposta e editada pela PLC n. 68 de 2024, redefinindo o conceito de competência, como expõe Derik, (2024, p. 114).

REGIME TRIBUTÁRIO SIMPLES NACIONAL APLICADO AO SETOR DE SERVIÇOS

O Simples Nacional, segundo aponta os portais contábeis, como Contabilizei, Conta Azul e o Sebrae, é o mais aplicado para empresas micro e pequenas por sua simplicidade. Porém, cabe uma ressalva, pois não necessariamente é a melhor opção, visto que as alíquotas projetadas em seus anexos de enquadramento, principalmente as empresas de serviços, inseridas no anexo V do artigo 18 da Lei 123/2006, demonstram desvantajoso o regime simplificado a depender de um planejamento tributário antes da tomada de decisão de regime tributário.

Em sua maioria, as empresas do setor de serviços, desde que estejam dentro do limite de micro e pequena empresas, com um faturamento até os limites do regime tributário, optam pelo regime do Simples Nacional. Ou seja, por sua simplicidade, o regime do Simples Nacional é o mais usual, salvo as exceções e impedimentos previstos na Lei n. 123/2006, conforme se verifica nos portais.

Com a Reforma Tributária e sua regulamentação pela Lei Complementar n. 214/2025, haverá aplicação inclusive nesse regime tributário do Simples Nacional, que gradativamente no período de transição irá se adequando às regras. Onde há previsão da empresa optar pelo recolhimento dos tributos IBS e CBS no sistema unificado ou optar pelo recolhimento separadamente,

Num primeiro momento, haverá uma alíquota diferenciada em patamares mínimos que gradativamente serão elevados. O recolhimento no sistema simplificado do Simples Nacional dos tributos CBS e IBS será optativo, podendo esses impostos, dada sua não cumulatividade, serem recolhidos fora do sistema, possibilitado inclusive o crédito.

REGIME TRIBUTÁRIO LUCRO PRESUMIDO

Seguindo a análise anterior, o regime de Lucro Presumido torna-se uma opção viável ao menos nesse período, antes da validade plena do novo regramento da LC n. 214/2025, dadas suas características específicas e obrigações acessórias mais simples que o próprio regime de Lucro Real, dependendo de uma análise e planejamento de pontos positivos e negativos.

No Lucro Presumido, as empresas de serviços têm uma tributação sobre o faturamento médio. Levando em consideração um faturamento de R$ 100.000,00, a tributação gira em torno de 17,5% sobre o faturamento bruto, em que 5% correspondem ao imposto municipal (ISS) e 12,5% à soma dos impostos federais sobre o faturamento, salvo alguns ramos de atividades que o INSS ainda incide sobre o faturamento no importe de 11% retido conforme previsão legal, contribuição essa passível de abatimento do imposto majorado às empresas sobre a folha de pagamento.

Observando pelas alíquotas auferidas pelos dois regimes Simples e Lucro Presumido, pode parecer lógico que o Simples Nacional seja mais vantajoso acerca de alíquotas e simplificação inclusive. No entanto, há muitos pontos a serem observados, pois as alíquotas do Simples Nacional são gradativas. Sua elevação é dada conforme o volume arrecadado de faturamento bruto nos 12 últimos meses, para definir qual alíquota de fato será aplicada.

O regime de Lucro Presumido, é mais vantajoso em relação ao Simples Nacional quando o faturamento médio mensal a depender do anexo enquadrado ultrapassa os R$ 100.000,00 ao mês.

Indiretamente o Lucro Presumido poderá sofrer em sua efetiva viabilidade e aplicabilidade após o período de transição dada à projeção de alíquotas da nova tributação da CBS e IBS, com projeções mais otimista entre 26% e 28%, o que somados ao demais impostos sobre o faturamento, pode-se chegar à tributação em torno de 34%, ou seja, basicamente o dobro do aplicado atualmente em 2025.

Desvantagem do Lucro Presumido na contemporaneidade

Um dos pontos negativos do regime de Lucro Presumido é o adicional na alíquota do imposto de renda sobre o excesso, em que o valor majorado de lucro presumido em 32% do faturamento, ultrapassar os R$ 60.000,00 (sessenta mil reais) base mês, será adicionado uma alíquota sobre a diferença e o valor pré-estabelecido do IRPJ em 10% sobre a diferença. Com essa regra, a qual não é reajustada a base a longos anos, acaba por elevar a carga tributária, dificultando sobretudo para empresas com faturamento mais elevados. Nesse sentido o valor de lucro de fato e ou de reinvestimento tornasse mínimo, isso quando há margem.

O regime de Lucro Presumido no que concerne aos diversos setores de serviços, é uma opção que requer mais obrigações acessórias em relação ao regime do Simples Nacional, por exemplo. Do mesmo modo, há majoração previdenciária sobre a folha de pagamentos no importe de 20%. Além da majoração previdenciária sobre a folha de pagamento, há o recolhimento na folha celetista do sistema S (SESI, SENAI) e ainda o FAT (Fundo de Amparo ao Trabalhador), podendo chegar a uma alíquota final sobre a folha de salários de 26%, diferente na maior parte dos ramos de serviços no regime do Simples Nacional.

Não há no regime do Lucro Presumido benefício de recuperação de tributos como no regime de Lucro Real, conforme Consulta 59 de 22 de abril de 2009 à RBF. Não comporta compensação, mesmo mudando no exercício seguinte, para o regime de Lucro Real as receitas oriundas no período anterior pelo regime de Lucro Presumido não podem ser objeto de compensação.

Apesar de ser uma opção simplificada, com o recolhimento do primeiro imposto sob código de tributo enquadrado no regime ou declaração acessória como enquadramento, como exemplo a DCTF, o regime de Lucro Presumido tem base de faturamento de R$ 78.000.000,00 anuais, sendo um fator limitador às empresas de faturamento elevado, ainda assim conforme prevê a Lei n. 9718/ em seu artigo 13. Nesse sentido, o Congresso analisa a MPV 1206/2024, elevando os valores limites de faturamento do Lucro Presumido à R$ 105.000.000,00 base 2024 e R$ 120.000.000,00 milhões em 2025.

Ainda assim, há presunção de lucro fixo de 8% a 32% do faturamento bruto, base do imposto de renda (IRPJ) e da contribuição social sobre lucro líquido (CSLL). Dessa forma, as empresas que têm muitas despesas operacionais podem ser prejudicadas, pois não conseguem abater esses custos para reduzir a base tributável, haja vista a base fixa.

Há de se considerar que se tratando de tributação, principalmente no que concerne ao PIS e à COFINS, de início pode ser vantajoso quando há faturamento menor, haja vista alíquota de 0,65% e 3% sobre o faturamento bruto. No entanto, para as empresas com alto volume de despesas ou crédito de PIS e CONFINS, pode não compensar esses valores. Dessa forma, o regime tributário passa a ser desvantajoso.

Fazendo planejamento tributário, pode-se constatar que, mesmo se a empresa tiver prejuízo, ainda paga imposto com base no faturamento, não importando se está em dificuldades financeiras.

Considera-se ainda anão há previsão de aproveitamento de benefícios fiscais, não havendo otimização.

Pontos favoráveis ao Lucro Presumido em relação aos demais regimes

Pode-se considerar como uma opção viável o regime de Lucro Presumido a partir de um planejamento tributário que constate maior margem de lucro, quando há baixa carga de despesas operacionais. Considerando que o regime não tem complexibilidade de apuração nas obrigações acessórias, é mais simples em relação ao regime de Lucro Real, haja vista ter alíquotas fixas, diferentemente do regime do Simples Nacional que oscila conforme faturamento acumulado nos últimos 12 meses, projetando um melhor planejamento.

Seguindo essa linha, evidencia ser vantajoso em relação ao regime do Simples Nacional quando o faturamento anual médio atinge um patamar acima de R$ 1.000.000,00 ano.

As obrigações acessórias e lançamentos fiscais são mais simplificados em relação ao regime de Lucro Real, fazendo com que reduza o custo com contabilidade e havendo maior previsibilidade na apuração dos tributos devidos, o que facilita a previsão de fluxo de caixa.

Outro ponto favorável no regime de Lucro Presumido é que as empresas contam com alíquota de PIS e CONFINS menores, a 0,65% e 3%, em relação ao Lucro Real. As alíquotas são de 1,65% e 7,6%. É um fato positivo, exceto quando se trata de apuração com benéfico redutor de base de cálculo no Lucro Real.

Comparando o regime de Lucro Presumido a outros regimes tributários, verifica-se que é mais simplificado em relação à apuração e à burocracia, com carga de tributos menor a depender do tipo de empresa, sobretudo aquelas com baixo faturamento, despesas operacionais e maior margem de lucro. No entanto, evidencia-se desvantagem em relação às empresas com margem limitada e despesas operacionais custosas, não se beneficiando de incentivos e créditos, como no caso de regimes Simples Nacional e Lucro Real.

PROJEÇÕES SETORIAIS: EMPRESAS PRESTADORAS DE SERVIÇOS, BASE SÃO PAULO

Como o ramo de negócios de serviços é amplo, o presente tópico baseou-se num ramo específico, que é a atividade de serviços de controle de pragas, desinfecção e desinsetização. Esse ramo de negócio, considerando os regramentos dos órgãos de fiscalização sanitária estadual e municipal, é especialmente importante em instituições e empresas voltadas para o público, como aquelas que lidam com saúde, fornecimento de alimentos, medicamentos ou exposição ao público, como escolas, indústrias, comércio geral, hipermercados e outros setores necessários.

A grande gama de empresas do setor de serviços, seja pessoal ou empresarial, com aprovação do texto final da regulamentação da reforma pela PLC n. 68/2024, aprovada no Congresso Nacional, resultando na LC n. 214/2025, terá no período transitório um termômetro para avaliar a efetiva eficácia, principalmente no que concerne o tributo de competência dos Estados e Municípios o IBS e daí precisar a necessidade de seguir no regime tributário ou migrar para outro regime.

Nesse sentido, questiona-se se as empresas de serviços que utilizam o regime de Lucro Presumido, em razão dos desafios com o texto final da regulamentação da Reforma Tributária pela LC n. 214/2025 com a criação do IVA. É importante precisar se com os novos tributos que agregou o PIS/Cofins (CBS) e o ICMS/ISS (IBS), na prática haverá aumento na carga tributária, e essa expectativa de aumento influenciara diretamente na precificação e margem de lucro.

A LC N. 214/2025 E SEUS EFEITOS PRÁTICOS AO REGIME DE TRIBUTAÇÃO DO LUCRO PRESUMIDO

A Reforma Tributária, após aprovada a PLC n. 68/2024 e todos os demais apresentados e em apreciação pelo Poder Legislativo, com a edição da LC n. 214/2025, com projeção de análise e definição ainda carente de sua afetação direta às empresas que adotam a tributação pelos regimes tributários vigentes, como o Lucro Presumido e Lucro Real, além de seu ajuste às questões do Simples Nacional regido pela LC 123/2006, causando apreensão.

Causa estranheza o fato de que o PLP n. 68/2024, quando apresentado pelo Poder Executivo, não aborda diretamente a questão das microempresas e empresas de pequeno porte e sua inserção no contexto diferenciado do Simples Nacional, como exemplo a manutenção na forma e as alíquotas incidentes no faturamento dessas empresas. Salvaguardo os anexos expostos na LC n. 214/2025, expondo as alíquotas e a repartição em percentuais do arrecadado por tributos no período de transição, já com a inclusão do IBS e CBS, restando lacunas a serem mais bem digeridas e elucidadas no período de transição.

Nesse sentido, projeções conforme a Tabela abaixo, demonstram a onerosidade tributária a alguns segmentos de empresas regidas pelo lucro presumido.

Figura 10

Tabela de projeção de alíquotas em comparativo antes e depois da LC 214/2025.

PROJEÇÕES DE ALÍQUOTAS SOBRE FATURAMENTO BRUTO SERV.			
LUCRO PRESUMIDO ANTES RT	percentual	LUCRO PRESUMIDO PÓS RT	percentual
IRPJ 32*15% (s/considerar 10% majorado)	4,80%	IRPJ 32*15%	4,80%
CSLL 32*9%	2,88%	CSLL 32*9%	2,88%
PIS 0,65%	0,65%	CBS (pis,cofins) 8,8%	8,8%
COFINS 3%	3,00%	IBS (iss,icms) 17,7%	17,7%
ISS 5%	5%		
TOTAL	16,33,%	TOTAL	34,18%

Fonte: produzido pelo autor com base no regime de Lucro Presumido e projeção da LC n. 214/2025.

Observa-se que a projeção em relação a tributos evidencia um aumento substancial na carga tributário, sendo um entrave para um planejamento.

ANÁLISE DA REFORMA TRIBUTÁRIA E AS PROPOSTAS DE REGULAMENTAÇÃO VOLTADAS PARA O SETOR DE SERVIÇOS

De todas as propostas, inclusive a PLP n. 68/2024, convertida na LC n. 214/2025, apresentada pelo Poder Executivo com intuito de agregar e unificar todas as propostas anteriores em discussão no Congresso, nenhuma se voltou para um setor de serviços em particular, salvo a proposta 52/2024, direcionada ao setor bancário e alguns setores específicos.

A forma genérica que se expõem as questões tributárias discutidas na regulamentação carece de explicações acerca da forma, hipótese, margem e exceções, o que possivelmente, no período de transição, caberá ajuste para suprir as lacunas existente em relação aos regimes tributários aplicados aos negócios, caso do Lucro Presumido, Simples Nacional e Lucro Real.

POLÍTICA TRIBUTÁRIA APLICÁVEL AO SETOR DE SERVIÇOS

O setor de serviços com suas peculiaridades contribui à sociedade gerando emprego e renda. No entanto, as políticas públicas direcionadas ao custeio ou diminuição da carga de tributos são preteridas.

Os tributos para área de serviços assemelham-se em alguns casos a incidentes na carga tributária do comércio ou da indústria, diferenciando basicamente nos impostos sobre serviços cobrados pela prefeitura do município de cada cidade do país. Enquanto o comércio com incidência de ICMS direcionadas aos estados, assim como o imposto sobre a indústria, o IPI direcionados à União.

Salvo em certos casos em que o ramo de atividade específico que incide conjuntamente tributos estaduais e municipais, como o ICMS e ISS, além do próprio IPI em que Município e Estado, ou União e Estado com competências concorrentes.

O ramo de serviços, a incidência de tributos sobre o serviço prestado na esfera do município e em regra o ISS, além da gama de outros impostos federais seja a empresa majorada nos regimes de Lucro Presumido, Lucro Real e Simples Nacional ou outro.

Quando não há isenção ou imunidade de determinado tributo, esse deve ser recolhido no prazo e período conforme regra específica.

O setor de serviços obteve um crescimento considerável em relação ao PIB de 3,0% no primeiro trimestre de 2023, conforme divulgado pela Sinduscon (2023), demonstrando ser um vetor que contribui para o crescimento do país.

As empresas de serviços têm sua carga tributária ainda elevada, com incidência arrecadatória sobretudo nos municípios com o imposto sobre serviços (ISS), a própria Taxa de Fiscalização de Estabelecimento (TFE) base São Paulo, e outras como alvarás, vistorias. Arrecadação necessária ao custeio da municipalidade.

No que concerne à União, a fatia é mais elevada no sentido dos tributos como IRPJ, CSLL, PIS/PASEP, COFINS, além do próprio Simples Nacional, que engloba todos esses, sem contar os incidentes sobre a folha de pagamento como INSS, o sistema S (SESI/SENAI) e FGTS, e ainda os tributos sobre a movimentação bancária sobre o crédito com IOF, além dos benefícios aos empregados.

Com a edição da LC n. 214/2025, as operações com serviços vêm descritas no artigo 3º inciso I, alínea "b" com hipótese de incidência no artigo 4º, §2º, inciso VIII e § 4º fechando a sistemática do IVA-dual em relação as empresas de serviços o que trará possíveis dados a onerosidade da prestação de serviços, jabá vista, uma maior carga de tributos.

AVALIAÇÃO DO POSSÍVEL IMPACTO ECONÔMICO E SOCIAL DA LC N. 214/2025 EM RELAÇÃO ÀS EMPRESAS SOB REGIME DE LUCRO PRESUMIDO

Economicamente, os negócios e empresas de uma nação, sobretudo quando esse setor funcionar como uma locomotiva ao crescimento do PIB, não pode deixar de ser valorizado. Diante disso, há projeção de aumento na carga tributária, o que interfere diretamente na precificação dos serviços prestados, maior custo final na mão de obra, consequente desequilíbrio na concorrência e possível sonegação, o que não seria interessante ao governo beneficiário.

Pereira, (2024, p. 84) ratifica a importância do profissional da área tributária, como o contador, para interpretar tantas situações advindas da Reforma. Certamente ainda há incógnitas, uma vez que estão em tramitação no Congresso Nacional os futuros regramentos do IVA-Dual e a unificação de impostos com a criação do IBS e CBS.

Destaca-se a necessidade de atualização permanente do contabilista, que estará à frente da gestão dessas obrigações tributárias e na orientação dos gestores das empresas. Observando que as empresa como a nova Reforma Tributária e criação do IVA-dual, necessitara de maior demanda de profissionais contabilistas e tributarias, em relação a planejamento tributário, avaliação de cenários viáveis ao negócio e cumprimento das obrigações acessórias.

Como se observa, mesmo pós-reforma, a organização tributária demanda elevada responsabilidade, envolvendo a profissão de contabilista e outros profissionais ligados à área tributária.

Nesse sentido, torna-se complexo um gestor, mesmo de ME, avaliar um negócio sem um auxílio de um profissional com entendimento na área.

A carga de tributos e obrigações acessórias é um complicador na relação fisco e contribuinte, como cita Pereira et al., (2024), inclusive sob a previsão do artigo 1.179 do Código et al., Civil.

Partindo das premissas já estabelecidas com a Reforma aprovada sob a EC n. 132 de 2023, ajustando e complementando artigos constitucionais voltados para o sistema tributário, Pereira (2024, p. 89) destaca os incentivos e regimes diferenciados, considerando o tratamento dado à questão do cashback, do IS e da ZMF, uma incógnita até a aprovação final.

Santos (2024, p. 101) destaca as obrigações acessórias, como o SPED Fiscal, e a preocupação com a forma como essas obrigações deverão ser apresentadas. Reitera, ainda, a necessidade de simplificação para facilitar a vida do contribuinte e o entendimento dos mecanismos.

Considerando ainda, como impacto direto pela elevação de tributos e obrigações acessórias que as empresas ora afetadas precisarão se adequarem às novas regras e mercado, De todo modo, as obrigam a decisões como redução de custos que engloba inclusive a demissão de profissionais celetista, preocupação de investimento e vontade de empreender.

PRINCIPAIS ASPECTOS DA REFORMA EM RELAÇÃO À ADOÇÃO DO REGIME DE LUCRO PRESUMIDO

O Lucro Presumido é um dos regimes mais simples em comparativo, por exemplo, com o regime de Lucro Real, haja vista sua base de projeção de lucro já pré-definida, no entanto, o volume de obrigações acessórias é maior do que o regime do Simples Nacional, requer análise cuidadosa, evitando-se erros que onerem o contribuinte.

Com a Reforma Tributária instituída pela EC n. 132/2023 e os novos tributos e regramento trazidos pela edição da LC n. 214/2025, no período de transição e novos preceitos de lançamentos com declarações obrigatórias e sistemas que agreguem, sobretudo, em novas normas que organize a forma de informação. Seguindo nessa linha, o compartilhamento de dados tributários, justamente sob a tutela do Comitê Gestor do IVA, haverá maior clareza e adaptação nesse período transitivo, visando a simplificação, o que pode não ser tão simples assim.

A Lei Complementar n. 199/2023, com a criação do estatuto da simplificação das obrigações acessórias, antecedeu a Reforma Tributária, no sentido de simplificação e unificação de emissão de documentos, como notas fiscais e posterior declarações pré-preenchidas pelo sistema Gov.br.

Rocha e Pereira (2024, p. 132) explanam sobre a importância da simplificação do sistema e obrigações acessórias, o que contribui para a instituição do Registro Cadastral Unificado (RCU).

Com a tecnologia e os sistemas de gestão e atualização dos meios tecnológicos do próprio ente tributante em todas as esferas do Estado, tanto União, Estados e Municípios, há uma maior fiscalização e melhoras nos lançamentos declaratórios pelos contribuintes.

Importa destacar que as obrigações acessórias como a DCTF, EFD, ECD, ECF, eSocial e tantas outras declarações, assim como a própria emissão de nota fiscal on-line, em todos os regimes tributários, caso do regime de Lucro Presumido, ainda demanda tempo, custo e planejamento, evitando-se prejuízos futuros, o que eleva a importância do profissional habilitado a assessorar as empresas.

ALTERNATIVAS TRIBUTÁRIAS AO SETOR DE SERVIÇOS

Diante do que preconiza a Reforma, alguns apontamentos são apresentados antes da validade efetiva da Reforma de 2023 e regulação com a criação de impostos unificados ao IVA, sugestões e saídas equilibradas para uma manutenção do setor de serviços.

Segundo análise de Scaff (2021), devem estar delineadas as bases tributárias de renda, patrimônio e consumo, alcançando os pilares constitucionais. Assim como no setor de serviços, essas bases são necessárias, sobretudo, para atingir a paz social com equilíbrio e distributividade.

Na economia, o setor de serviços é um dos que mais crescem no país, e representa 68,50% na projeção do PIB nacional. Nesse sentido, segundo o IBGE, o legislador deve reconhecer seu valor e apresentar políticas viáveis à manutenção dos negócios, especialmente na preservação de empregos e no crescimento, com incentivos fiscais e propostas direcionadas.

Até a Reforma, as empresas de serviços, principalmente as micro e pequenas, buscavam o regime simplificado do Simples Nacional até determinado faturamento. Após esse limite, optavam pelo sistema de Lucro Presumido.

Contudo, o que mais onera além dos tributos sobre o faturamento, é a carga tributária sobre a folha de pagamento, com o INSS majorado em 20% sobre a folha de salários, além das contribuições ao sistema "S" em mais de 5,8% e o FAT, variando entre 0,5% e 1,5%. Ou seja, apenas sobre a folha de salários, já há uma carga tributária a cargo da empresa que pode chegar a 27,30%, sobre a folha de pagamentos, o que é deveras elevado.

Nesse sentido, se aliarmos no caso específico das empresas enquadradas no regime tributário do Simples Nacional. Nesse regime tributário, conforme tabela de anexos do regime do Simples Nacional, há alíquotas de diversos tributos como o tributo CPP, a contribuição patronal majorada e unificada no recolhimento do imposto. Na tabela do anexo III, as empresas inseridas nessa categoria de serviços, diferente das empresas inseridas no anexo IV e V do regime simplificado. Neste caso, devem recolher o imposto majorado sobre a folha de pagamentos, nos moldes do regime de Lucro Presumido.

Já em relação aos tributos diretamente inseridos sobre o faturamento de serviços, temos uma carga no Lucro Presumido em torno de 14% a 17,5%, mais 11% sobre o faturamento a título previdenciário, em alguns ramos de negócios de serviços que pode ser abatido do INSS majorado sobre a folha de salários, onerando os custos tributários.

Nesse sentido, o Congresso Nacional pecou ao não avançar na diminuição da carga tributária, não só a troca ou unificação de um imposto por outro, mas também pecou em não avançar em relação à oneração já sufocante sobre a folha de pagamento, especialmente na alíquota majorada, que é um fator desmotivador para a contratação celetista, sobretudo a setores não agraciados com a desoneração da folha de pagamento.

Diante disso, observa-se uma crescente migração para a pejotização das profissões, com a imposição de contratação de profissionais como pessoa jurídica, o que resulta em menor arrecadação e maior informalidade.

Assim, visando um maior crescimento, sobretudo de investimentos com projeção de contratação de mão de obra, o impacto de uma desoneração da folha de pagamento, ampliando para não só setores específicos, mas para todos, pode-se ser viável a longo prazo.

Do mesmo modo, o sistema tributário aprovado pela EC n. 132/2023 e a regulamentação e criação do IVA Dual e dos agregados IBS e CBS pela PLC n. 68/2024, com alíquotas projetadas a patamares elevados, tende a sufocar diversos setores da economia. Sua unificação e diferenciação de alíquotas tornam mais onerosa tributação com baixo projetado:

> a) O IBS agrega o ICMS e o ISS. O CBS agrega o PIS/PASEP e COFINS, com sua projeção de alíquota mínima a partir de 26,5%, o que torna ao setor de serviços altamente oneroso em termos tributários, justamente por conta de não recolher ou incidir o ICMS e tão somente o ISS, o que elevará sobremaneira a alíquota unificada em sua soma geral;
>
> b) As empresas de serviços no Município de São Paulo, tendo como base esse ano de 2024, o ISS tem um limite de 5% sobre o faturamento e somados os impostos federais (PIS/COFINS/IRPJ e CSLL), no regime de Lucro Presumido, chega-se próximo dos 17,5% de tributo sobre o faturamento bruto. Diante disso, não parece justo aos prestadores de serviços, que arcariam com um montante maior de tributação.

Seguindo nessa linha e da análise da LC n. 214/2025, que regulamentou os parâmetros dos novos tributos IBS e CBS, considerando os debates acerca da partilha e a definição das alíquotas e a forma como serão ajustados, inclusive nas obrigações acessórias. O período de transição será um termômetro, grosso modo, contemporaneamente não se pode precisar com certeza um cenário benéfico.

Pondera-se que foi perdida a oportunidade inicial da Reforma Tributária, sem que tenha sido incluso questões como o imposto de renda ou outros tributos como a majoração previdenciária na folha de pagamento que estendido temporariamente o benefício apenas a alguns segmentos. Sendo assim, seria prudente, conforme análises tributárias, melhor seria o Congresso se debruçar com olhar ao que os empreendedores, contribuintes e sociedade busca. Possibilitando alcançar o destravamento da economia, evitando uma possível recessão ou favorecendo o crescimento do PIB em patamar sustentável.

E, ainda, buscar observar com maior atenção o setor de serviços, que oferta o maior atrativo positivo no PIB do país. Pode-se analisar os tributos incidentes no setor de serviços, com menor taxação e incidência de tributos, com diminuição das alíquotas do imposto sobre o lucro majorado, como incentivo, assim como prevê a Reforma, isso compensando com maior crescimento do negócio e contratação de mão de obra, favorecendo a economia e girando capital.

Da mesma forma, a desoneração da folha de pagamento ao setor de serviços é de extrema necessidade e visa à manutenção de empregos e possível contratação em longo prazo.

Políticas tributárias pretendida ao setor de serviços

O setor de serviços, em especial, sofre com a escassez de crédito e a alta taxa de juros, além da reoneração da folha de pagamento e da Reforma Tributária, que, em grosso modo, demonstra que haverá maior tributação, o que sufoca o crescimento e dificulta a manutenção das empresas e a contratação de mão de obra, comprometendo sua função social e contribuição ao crescimento.

Melhor seria uma política direcionada, com incentivo à contratação celetista que melhoraria todo o sistema, inclusive o previdenciário e seu custeio. Para tanto, a desoneração deve ser regra, com lei específica e regulatória, assim como a separação do tributo IBS. Como, em geral, as empresas de serviços não incidem ICMS estadual, não faz sentido equipará-las e unificá-las. A política tributária deve ser clara, direcionada e excluir o imposto estadual, cobrando apenas o municipal (ISS).

A reforma trouxe a possibilidade de os entes tributantes, dentro de suas limitações, concederem incentivos fiscais, assim como explicitado na previsão do artigo 43, §4º, da Constituição, trazido pela reforma com a EC n. 132 de 2023, como explica Bonafé Jr. (2024, p. 193) em análise da PEC n. 45/2019.

CONCLUSÃO

Este trabalho dissertativo como parte da conclusão de mestrado, traz no recorte proposto uma análise de diversos pontos de vista dos principais avanços nas reformas constitucionais tributárias no período da República brasileira até a contemporaneidade. Partindo da Reforma do sistema tributário trazida pela EC n. 132/2023, que trouxe inovações no texto constitucional, fechando com a aprovação no Congresso Nacional da LC n. 214/2025 com a criação do IVA-dual e os novos tributos (IVA-dual = IBS, CBS e IS), agregando outros impostos já existente.

Nessa apuração, retrataram-se pontos relevantes para discussão da vigente Reforma, com a criação do IVA (IBS-CBS-IS) e sua afetação direta ao setor específico de serviços sobretudo nas empresas regidas pelo regime de Lucro Presumido.

Assim, buscou-se demonstrar, além dos avanços desde a Constituição da República, passando pela criação do CTN, em 1966, e a atual configuração na Carta Maior de 1988 com a EC n. 132/2023, apontamentos setoriais e de doutrinadores a respeito dos temas abordos.

Fez-se abordagem sobre os regimes usados pelas empresas do setor de serviços, especificamente como o Simples Nacional, Lucro Real e suas diferenças em relação ao regime proposto no recorte, o regime do Lucro Presumido. Analisando a possibilidade desse regime tributário de Lucro Presumido se tornar ineficaz diante da Reforma Tributária e a carga tributária inserida pelos ajustes e criação do IVA-Dual com o CBS, IBS e IS, com destaque ao IBS (ICMS e ISS) pela LC n. 214/2025.

De fato, houve uma disrupção, sobretudo no que diz respeito à tributação sobre consumo em busca da simplificação do sistema, tarefa essa complexa para buscar uma justiça fiscal com garantia de crescimento da economia do país, diminuindo desigualdades.

Ainda assim, sem, contudo, não haver uma avaliação absoluta e se trará prejuízo ao contribuinte com os avanços trazidos pela Reforma em si. O período de transição já traz alvoroço no meio jurídico tributário e ainda há incógnita, se de fato, o regramento e afetação dos sistemas e recolhimento do tributo será eficaz, o que gera dúvidas, exigindo-se um planejamento tributária a longo prazo.

Em consideração ao próprio regime de Lucro Presumido, mais simples que o Lucro Real e com mais obrigações acessórias que o Simples Nacional, corre risco de se tornar ineficaz ou deixar de ser atrativo, haja vista a suposta elevação de carga tributária a ser aplicada ao setor específico de serviços que faz parte deste estudo.

A Reforma Tributária buscou unificar tributos com criação e regulamentação do IVA-dual. Dentre suas nuances principiológicas visando inclusive a simplificação do sistema tributário, uma melhor distribuição, alcançando justiça social, estabelecendo alíquotas especiais a diversos setores. Assim, isentando produtos e suposta devolução por cashback. O que leva-se a ponderar se de fato, tais benefícios como o cashback, voltará aos menos favorecidos ou é ilusório essa afirmativa.

Nota-se que o setor específico de serviços já com custo operacional elevado, pode ter a carga tributária final aumentada, influenciando diretamente na redução de postos de trabalho e precificação dos produtos e mãe de obra.

A transição, analisando os novos tributos IVA (IBS e CBS) agregadores de outros tributos com implantação gradual, conforme período de transição a começar em 2026, permitindo uma adaptação às novas regras e ajustes necessários. É importante ponderar os entraves possivelmente encontrados que impactam diretamente nas empresas de serviços. Partido dessa premissa, o IVA necessário esse período de transição ou teste das novas regras, para que as empresas, independente dos regimes tributários que estão incluídas, possam se adaptar e fazer um planejamento tributário e estudo de viabilidade dos negócios, como preceito essencial.

A dissertação apresentada em um cenário projetado regulamentação da Reforma Tributária, embora alguns pontos ainda não tratados como a própria Reforma do Imposto de Renda. Essa, que talvez seria das mais importantes reformas, para desenhar e planejar como efetivamente se portará a econômica daqui por diante. Nesse sentido, apontamos a desoneração permanente da folha de pagamento a ser ampliada a outros setores produtivos e não só a setores específicos da economia como pontos cruciais, dada as incertezas às questões que geram dúvidas, ao planejamento do futuro em empreender.

Perdura a preocupação, sobretudo em relação setorial, como é o caso do setor de serviços, que contribuem consideravelmente com o crescimento econômico, o PIB nacional. O setor é um dos que mais empregam trabalhadores celetistas no país.

O recorte posto, após pontuar alguns regimes tributários, como o Simples Nacional e o Lucro Real, com foco especificamente ao Lucro Presumido. Dentre as apurações e análises postas, conclui-se que o regime de Lucro Presumido ainda é, em alguns casos, o mais atrativo, sobretudo para as empresas de serviços que faturam além dos R$ 100.000,00 (cem mil reais) por mês, a depender do ramo de atividade de serviços inserida.

É importante frisar que a viabilidade até aqui nesse ano de 2025, como acima exposto, tende a sofrer um revés quando passar as novas regras a ter validade plena da Reforma Tributária como a inserção em definitivo do CBS e IBS que passara pelo período de adaptação até 2033.

Esse período de transição, será um teste para construir uma base literária e certeira quanto ao real destino do regime tributário. Em nossa observação, ficou claro que o regime de Lucro Presumido, após o período de transição, salvo ajustes futuros, poderá se tornar oneroso quanto à tributação sobre o consumo dos serviços, diante das alíquotas postas. Os regramentos não são tão simples como parecem.

Há possibilidade de o regime tornar-se ineficaz e desaparecer. Como isso, as empresas deverão buscar um cenário que melhor se adéque, isso analisando e fazendo planejamento tributário, ponderando a viabilidade diante das novas regras com a criação do IVA-dual (CBS, IBS e IS), possibilitando inclusive a migração, a um novo regime tributário.

Nas observações com a projeção das alíquotas aplicadas em comparativo com as vigentes, projetando-se os impostos incidentes sobre o faturamento e não sobre a folha de pagamento, que não é o foco, vê-se um prejuízo e carga tributária aumentada.

Partindo do regime de Lucro Presumido, no qual se parte do pressuposto de uma alíquota projetada até 17,5% sobre o faturamento bruto, analisamos o os seguintes parâmetros: somamos os tributos PIS, COFINS, CSLL, IR (impostos federais) e o ISS (municipal) dentro da projeção de alíquotas projetadas na Reforma Tributária pela LC n. 214/2025 com a criação o IVA-dual, quantificando que só os tributos agregados IBS e CBS chegam a uma alíquota final aproximada de 27,50%, somados as alíquotas do IRPJ e CSLL, evidenciando, a elevação da carga tributária às empresas de serviços, sobretudo no regime de Lucro Presumido. Nessa avaliação conclui-se ficar inviável a manutenção nesse regime em especial.

Diante ainda, estar pendente de debate e análise uma possível reforma do IR no Congresso Nacional que ficou de fora da EC n. 132/2023, matéria importante na tributária, seria uma possibilidade para amenizar o custo-benefício às empresas de serviços regidas pelo Lucro Presumido ou tender a ter uma carga tributária mais atrativa deixando um vazio no regramento tributário.

Assim, conclui-se que as empresas de serviços regidas pelo regime tributário de Lucro Presumido foram possivelmente prejudicadas com projeção de onerosidade tributária em razão da Reforma Tributária aprovada pela EC n. 132/2023 e LC n. 214/2025, inviabilizando a manutenção nesse regime após o período de transição.

REFERÊNCIAS BIBLIOGRÁFICAS

Afonso. J. R., Santana. H. L., (2020). Tributação 4.0, Coleção IDP. Ed. Almedina, São Paulo.

Afonso. J. R., Junior. G. B., Viana. M. F. (2023). Reforma da tributação indireta: uma simulação de impactos setoriais. Conjuntura Econômica, [s. l.], v. 77, n. 10, 2023. Disponível em: < https://www18.fgv.br/mailing/2023/ibre/Revista_Conjuntura_Outubro/9399474/22/. > consultado em 01 de jul. 2024.

Araujo. D. (2024). Reforma Tributária no Brasil. Entendendo as mudanças e impacto, Kindle.

Assesis. P. A. A. A. (2022). LC 116: Saiba o que é e entenda sua relevância para os sistemas tributários. Jota. Disponível em: https://www.jota.info/tributos/lc-116-saiba-o-que-e-e-entenda-sua-relevancia-para-o-sistema-tributario > consultado em 01 de jan. 2025.

Ataliba, G. (2014). Hipótese de incidência tributária. Ed. Malheiros, 6ª Ed. 16ª tiragem. São Paulo.

Bolognese. M., Bolognese. I. R. S., Ribeiro. N. S. (2024). Reforma Tributária, uma visão descomplicada. Ed. Imperium. São Paulo.

Bonafé JR. M. 2023. Reforma Tributária: PEC 45/2019 desvendada e comentada. Ed. Câmara Brasileira do Livro. Kindle Unilimited.

Coelho. S. C. N. (2016). 50 anos do Codigo Tributário Nacional. Revista do Advogado, AASP.

Carneiro. C. (2018). Impostos federais, estaduais e municipais. Ed. Saraiva Jur. 6ª ed. São Paulo.

Carrer. G. (2024). Governança Tributária: Regimes de tributação do lucro e o Simples Nacional. Ed. Senac. São Paulo.

Castello. M. G. et el. (2024). O IBS e a CBS na Constituição. Hipnose tributária do IBS (art. 156-A, § 1º, I e II, e §8º, da CF). Ed. Lumen Juris. Rio de Janeiro.

Chaves. F. C. (2017). Gestão Tributária aplicada. Ed. Atlas. Rio de Janeiro. 4ª e.

Chepaldi. S. (2021). Planejamento Tributário, Teoria e Prática. 4ª Ed. Saraiva. São Paulo.

Eloi. P.C, Souza. P. (2021). Regimes jurídicos tributários. Kindle Uninited.

Fischer. O.C. (1999). Contribuição ao PIS sobre faturamento: natureza jurídica e regra-matriz de incidência. Dissertação UFPR, disponível em: < https://acervodigital.ufpr.br/xmlui/handle/1884/83022?show=full >

Frascino. G. L., Moura. A. R. (2024). Pis/Cofins: quando podemos dizer adeus a estes tributos no Brasil. Jota. Disponível em: < https://www.jota.info/tributos/pis-cofins > consultado em 02 de jan. 2025.

Gaspardo, M. (2021). Teoria do Estado: Uma proposta de abordagem no contexto de globalização financeira, crises e reformas institucionais. Revista Estudos Institucionais, v. 7, n. 3, p. 934-953, set./dez. 2021, UNB < https://www.estudosinstitucionais.com/REI/article/view/687/752 > consultado em 08 de ago. 2023

Gobatto. D. F. (2024). Reforma tributária: Desafios e oportunidades. O impacto da reforma tributária sobre as retenções na fonte. CEFIS. Câmara Brasileira do Livro. Kindle. São Paulo.

Jobim. E. (2023). A Justiça Tributária na Constituição. 1ª Ed. Ed. Juspodivm, Malheiros. São Paulo.

Junkes. E. G. (2017). Lucro Real x Lucro Presumindo: opção menos onerosa para uma empresa prestadora de serviços de comunicação. UFSC

Koch. M. P. et el. (2024). O IBS e a CBS na Constituição: O princípio da Neutralidade nos tributos não cumulativos. Ed. Lúmen Juris. Rio Janeiro. - Kindle

Lisboa. J.M. M. V. (2016). Análise crítica do Art. 152 do CTN. Revista do advogado nº 132. AASP.

Machado Segundo. H.B. (2024). Reforma tributária comentada e comparada: Emenda Const. 132, de 20 de dezembro de 2023. Atlas, 1ª ed. São Paulo.

Madeira. P. H. B. G. (2009). Não Cumulatividade do PIS e da Cofins. Repositório teses USP. Disponível em < https://www.teses.usp.br/teses/disponiveis/2/2133/tde-22062010-083058/publico/Patricia_Hermont_Barcellos_Goncalves_Madeira_Dissertacao.pdf >. Consultado em 02 jan. 2025.

Martins. I. G. (2016). 50 anos do Codigo Tributário Nacional. Revista do Advogado, nº 132 AASP.

Mello. G. N. (2011). ISS: Aspectos polêmicos da Lei Complementar nº 116/2003. Disponível em: < https://capital.sp.gov.br/web/fazenda/w/servicos/iss/2488#:~:text=Regra%20Geral,da%20Lei%2013.701%2F2003). > repositório IDP. Brasília.

Melo. J. E. S. (2016). 50 anos do Codigo Tributário Nacional. Revista do Advogado, nº 132. AASP.

Mendes. G. F. et el. (2023). Prefácio Perspectivas e desafios das reformas tributárias. Obra coletiva IDP. Ed. Almedina. São Paulo.

Menke. C. et el. (2024). O IBS e a CBS na Constituição. Lumen Juris. Rio de Janeiro

Moura. J. de S. et el. 2024. Cidadania Fiscal e a Reforma Tributária – uma oportunidade de aprofundamento da relação fisco contribuinte. Almedina. Kindle.

Oliveira. F. A. (2020). Uma Pequena História da Tributação e do Federalismo Fiscal no Brasil. A necessidade de uma reforma justa e solidária. Ed. Contracorrente. São Paulo.

Oliveira. P. T. P. (2022). Aspectos Controvertidos da Reforma Tributária: Na visão dos procurados da fazenda nacional. Ed. Almedina. Kindle unilimited. São Paulo.

Oliveira. R. M. (2016). 50 anos do Codigo Tributário Nacional. Revista do Advogado, AASP.

Oliveira. A. M., Santos. K. A., Santos. W. C., Oliveira. A. M., Rosa. D. A., Lima. F.M., Pereira. R. Q., Rocha. J., Pereira. T., Gobatto. D., Campanini. D. R., Silva. P. C., Sousa. C. B., Souza. M. V., Santos. W. C., Santos. G., Cavalcanti. R., Leao. M. V. C., Dantas. J., Oliveira. A. S. (2024). A Reforma tributária e o impacto nos tributos indiretos. (Reforma Tributária - Desafios e Oportunidades) CEFIS. Ed. Câmara Brasileira do Livro. São Paulo.

Oliveira. R. P. de. (2024). O impacto da carga tributária nas empresas. Kindle

Omori. F. J. (2018). Forma jurídica e tributação (Dissertação (Mestrado). Universidade de São Paulo, São Paulo. Recuperado de < https://www.teses.usp.br/teses/disponiveis/2/2133/tde-17092020-155620/ > Consultado em 29 jul. 2024.

Pêgas. P. H. (2020). Manuel da contabilidade tributária. Ed. Atlas. Rio de Janeiro. 9ºed.

Peixoto, F. D. J. R., (2017) Novo Código de Processo Civil. 3ª Ed. Salvador: Juspodivm.

Pereira. R. Q. et el. (2024). Reforma Tributária: Oportunidades para prestação de serviços e valorização profissional contábil. CEFIS.

Pestana. M. (2024). Reforma Tributária: contextos, mudanças e impacto. Estudo especial 19. Instituto Fiscal Independente. https://www.cnj.jus.br/wp-content/uploads/2022/05/sumario-contencioso-tributario.pdf. > consultado em 29 jul. 2024.

Paulsen. L. (2024). Curso de Direito Tributário Completo. 15ª Ed. Saraiva. São Paulo.

Quintanilha. G. S. (2024). Reforma Tributária Brasileira: Tributos sobre consumo. Ed. Método (Gen). Rio de Janeiro. – Kindle.

Ramalho. D. 2023. Tribunal de Contas de São Paulo.

Rocha. C. (2024). Lucro Presumido: Manual prático. KindleLeunilimited

Rocha. J., Pereira. T. Rosa. D. A., Santos. W. C., Oliveira. A. M., Lima. F.M., Pereira. R. Q., Rocha. J., Pereira. T., Gobatto. D., Campanini. D. R., Silva. P. C., Sousa. C. B., Souza. M. V., Santos. W. C., Santos. G., Cavalcanti. R., Leao. M. V. C., Dantas. J., Oliveira. A. S. (2024). A reforma tributária: impacto na simplificação das obrigações acessórias. (Reforma Tributária - Desafios e Oportunidades) CEFIS. Ed. Câmara Brasileira do Livro. São Paulo.

Rosa. D. A., Santos. W. C., Oliveira. A. M., Lima. F.M., Pereira. R. Q., Rocha. J., Pereira. T., Gobatto. D., Campanini. D. R., Silva. P. C., Sousa. C. B., Souza. M. V., Santos. W. C., Santos. G., Cavalcanti. R., Leao. M. V. C., Dantas. J., Oliveira. A. S. (2024). A reforma tributária nos pequenos negócios. (Reforma Tributária - Desafios e Oportunidades) CEFIS. Ed. Câmara Brasileira do Livro. São Paulo.

Salomão Filho, C. (2019). O novo direito societário. Eficácia e sustentabilidade. Ed. Saraiva.

Salto. F. S. et el. (2023). A evolução da economia brasileira e os desafios da reforma tributária. Obra coletiva IDP. Ed. Almedina. São Paulo. Kindle.

Santiago. J. C. (2019). Solidariedade. Como legitimar a tributação. Ed. Lúmen Juris. Rio de Janeiro.

Santos. J.L. et el. (2006). Imposto de renda das empresas, com base no lucro presumido, arbitrado e simples. Atlas. São Paulo.

Santos. K. A., Santos. W. C., Oliveira. A. M., Rosa. D. A., Lima. F.M., Pereira. R. Q., Rocha. J., Pereira. T., Gobatto. D., Campanini. D. R., Silva. P. C., Sousa. C. B., Souza. M. V., Santos. W. C., Santos. G., Cavalcanti. R., Leao. M. V. C., Dantas. J., Oliveira. A. S. (2024). Como a reforma tributária impacta a área fiscal. (Reforma Tributária - Desafios e Oportunidades) CEFIS. Ed. Câmara Brasileira do Livro. São Paulo.

Santos. W. C. , Oliveira. A. M., Santos. K. A., Santos. W. C., Oliveira. A. M., Rosa. D. A., Lima. F.M., Pereira. R. Q., Rocha. J., Pereira. T., Gobatto. D., Campanini. D. R., Silva. P. C., Sousa. C. B., Souza. M. V., Santos. W. C., Santos. G., Cavalcanti. R., Leao. M. V. C., Dantas. J., Oliveira. A. S. (2024). Reforma tributária: Contextualização. (Reforma Tributária - Desafios e Oportunidades) CEFIS. Ed. Câmara Brasileira do Livro. São Paulo.

Scaff. F.F. (2021). Reforma financeira federativa já! Não basta a reforma tributária. Conjur < conjur.com.br/2021-jun-08/contas-vista-reforma-financeira-federativa-nao-basta-reforma-tributaria/ > consultado em 28 jul. 2024

Schoueri. L.E. (2024). Direito Tributário. 13ª Ed. Saraiva. São Paulo. Kindle.

Schwab, K. (2020). Capitalismo Stakeholder. Ed Alta Cult.

Stakeholder. T. P. B. (1998). Inovação e teorias da firma em três paradigmas. Instituto de Economia UFRJ. Ver. Econ. Contemporânea nº 3.

Szelbracikowski. D. C. et el. (2023), Novas tecnologias e a necessidade de reforma tributária. Tributação 4.0. Coleção IDP. Ed. Almedina. São Paulo.

Szelbracikowski. D. C. et el. (2023), Perspectivas e desafios das reformas tributárias. Coleção IDP. Ed. Almedina. São Paulo.

Varsano. R. (1996). A Evolução do sistema Tributário Brasileiro ao longo do Século: Anotações e Reflexos para futuras reformas. IPEA, disponível em: < https://repositorio.ipea.gov.br/bitstream/11058/1839/1/td_0405.pdf > consultado em 01 de ago. 2024.

Whintaker. F. B. et el. (2016). 50 anos do Código Tributário Nacional. AASP – Revista do Advogado. São Paulo. Ano XXXVI. nº 132.

OUTROS LINKS COMPLEMENTARES - LEIS, MP, PLP, EC

Banco Mundial (2024). Simulador do Imposto sobre Valor Agregado (SimVAT) Versão 3.2. Grupo Banco Mundial. https://datanalytics.worldbank.org/simvat. Acesso em 031 ago. 2024.

Brasil. Ato Institucional 1 (1969). Constituição de 1969. Disponível em: https://www2.camara.leg.br/legin/fed/emecon/1960-1969/emendaconstitucional-1-17-outubro-1969-364989-publicacaooriginal-1-pl.html > acesso em 01 de jan. 2025.

Brasil. Constituição da República Federativa do Brasil de 1988; Brasília, DF: Disponível em: < https://www.planalto.gov.br/ccivil_03/constituicao/emendas/emc/emc132.htm >. Acesso em 03 mar. 2024.

Brasil. Lei Complementar 116/2003. Dispõe sobre imposto sobre serviços de qualquer natureza: disponível em: < https://www.planalto.gov.br/ccivil_03/leis/lcp/lcp116.htm > consultado em 01 de jul. 2024.

Brasil. Lei nº 13.105 de 16 de março de 2015. Código Civil; Brasília, DF: Disponível em: < https://www.planalto.gov.br/ccivil_03/_ato2015-2018/2015/lei/l13105.htm >. Acesso em 03 mar. 2024

Brasil. Lei Complementar nº 123/2006 de 14 de dez. 2006. Lei do Simples Nacional; Brasília, DF: Disponível em: < https://www.planalto.gov.br/ccivil_03/Leis/LCP/Lcp123.htm >. Acesso em 16 de jun. 2024.

Brasil. (2023). Câmara Federal. Informações sobre IBS. Disponível em: < https://www.camara.leg.br/noticias/1027513-saiba-mais-sobre-o-ibs-novo-imposto-previsto-na-reforma-tributaria/ > consultado em 15 jun. 2024.

Brasil. (2023). < https://www.gov.br/fazenda/pt-br/acesso-a-informacao/acoes-e-programas/reforma-tributaria/regulamentacao-da-reforma-tributaria/lei-geral-do-ibs-da-cbs-e-do-imposto-seletivo > consultado em 15 jun. 2024.

Brasil. (2023). < https://www.gov.br/fazenda/pt-br/acesso-a-informacao/acoes-e-programas/reforma-tributaria/regulamentacao-da-reforma-tributaria/lei-geral-do-ibs-da-cbs-e-do-imposto-seletivo/apresentacoes > consultado em 15 jun. 2024.

Brasil. (2023). < https://www.gov.br/fazenda/pt-br/acesso-a-informacao/acoes-e-programas/reforma-tributaria/regulamentacao-da-reforma-tributaria/lei-geral-do-ibs-da-cbs-e-do-imposto-seletivo/resumos-tecnicos > consultado em 15 jun. 2024.

Brasil. (2023). EC132/2023. Disponível em https://www.planalto.gov.br/ccivil_03/constituicao/emendas/emc/emc132.htm > consultado em 30 de dez. 2024.

Brasil. (2023). criação dos nanoempreendedores. Disponível em < https://www.gov.br/fazenda/pt-br/acesso-a-informacao/acoes-e-programas/reforma-tributaria/estudos > consultado em 07 de ago. 2024.

Brasil. (2024). Não aumento de impostos sobre motoristas de aplicativos. Disponível em < https://www.gov.br/secom/pt-br/fatos/brasil-contra-fake/noticias/2024/07-1/reforma-tributaria-nao-ira-aumentar-impostos-sobre-corridas-por-aplicativos > consultado em 07 de ago. 2024.

Brasil. (2024). PLP Apresentação - Regulamentação da Reforma Tributária: Lei Geral do IBS, da CBS e do Imposto Seletivo < https://www.gov.br/fazenda/pt-br/central-de-conteudo/publicacoes/apresentacoes/2024/abril/2024-04-24_Regulamentacao-da-Reforma-Tributaria.pdf/view > consultado em 10 de jun. 2024.

Brasil. (2024). Lei do Lucro presumido, arbitrado e real < https://www.planalto.gov.br/ccivil_03/leis/L9430compilada.htm > consultado e 01 de jun. 2024

Brasil. PLP 43/2024. Dep. Moreira. A. Câmara Federal. Projeto de Lei complementar, tributação combustíveis e lubrificantes. Disponível em: < https://www.camara.leg.br/proposicoesWeb/

fichadetramitacao?idProposicao=2424927&fichaAmigavel=nao > consultado em 29 jun. 2024.

Brasil. PLP 51/2024. Dep. Bragança. F. O. Câmara Federal. Projeto de Lei Complementar. Institui diferencial tributação a Zona Franca de Manaus. Disponível em: < https://www.camara.leg.br/proposicoesWeb/fichadetramitacao?idProposicao=2426676&fichaAmigavel=nao > consultado em 01 jul. 2024.

Brasil. PLP 52/2024. Dep. Ventura. Et el. 2024. Câmara Federal. Projeto de Lei Complementar. Institui regulamento regimes de tributação aplicável aos serviços financeiros. Disponível em: < https://www.camara.leg.br/proposicoesWeb/fichadetramitacao?idProposicao=2426829 > consultado em 01 jul. 2024.

Brasil. PLP 55/2024. Dep. Linhalis. Câmara Federal. Projeto de Lei Complementar.2024. Institui e regulamenta os regimes específicos de tributação aplicáveis às operações com bens imóveis. Disponível em: < https://www.camara.leg.br/proposicoesWeb/fichadetramitacao?idProposicao=2426917&fichaAmigavel=nao > consultado em 01 jul. 2024.

Brasil. PLP 58/2024. Dep. Francischini. Câmara Federal. Projeto de Lei Complementar. Dispõe sobre a regulamentação dos regimes específicos. Disponível em: < https://www.camara.leg.br/proposicoesWeb/fichadetramitacao?idProposicao=2427264&fichaAmigavel=nao > consultado em 01 jul. 2024.

Brasil. PLC 33/2024. Dep. Pazuello, et el. Câmara Federal. Projeto de Lei Complementar. Estabelece instrumentos de ajustes nos contratos administrativos firmados antes da entrada em vigor das leis instituidoras dos tributos de que tratam o art. 156-A e o art. 195, V. Disponível em:< https://www.camara.leg.br/proposicoesWeb/fichadetramitacao?idProposicao=2422711&fichaAmigavel=nao > consultado em 29 jun. 2024.

Brasil. Dep. PLP 43/2024 < https://www.camara.leg.br/proposicoesWeb/ fichadetramitacao?idProposicao=2424927&fichaAmigavel=nao >

Brasil. PLP 34/2024. Dep. Lupion. P. et el. Câmara Federal. Projeto de Lei Complementar. Institui a Cesta Básica Nacional de Alimentos - CeNA criada pelo artigo 8º. Disponível em:< https://www.camara.leg.br/proposicoesWeb/ fichadetramitacao?idProposicao=2423486&fichaAmigavel=nao> consultado em 30 de jun. 2024.

Brasil. PLP 47/2024. Dep. Neto. C.A. Câmara Federal. Projeto de Lei Complementar. Dispõe sobre o Fundo de Sustentabilidade e Diversificação Econômica do Estado do Amazonas (FUNDSAM) e do Fundo de Desenvolvimento Sustentável dos Estados da Amazônia Ocidental e do Amapá. Disponível em:< https://www.camara.leg.br/proposicoesWeb/ fichadetramitacao?idProposicao=2426512 > consultado em 30 jun. 2024.

Brasil. PLP 48/2024. Dep. Passarinho. Câmara Federal. Projeto de Lei Complementar. Institui e regulamenta os regimes diferenciados de tributação previstos no artigo 9º da Emenda Constitucional nº 132. Disponível em: < https://www.camara.leg.br/proposicoesWeb/ fichadetramitacao?idProposicao=2426526&fichaAmigavel=nao > Consultado em 30 de jun. 2024.

Brasil. PLP 49/2024. Dep. Kicis. B. Câmara Federal. Projeto de Lei Complementar. Regulamenta a Neutralidade no IBS e na CBS nos termos do artigo 156 – A da Emenda Constitucional n 132. Disponível em: < https://www.camara.leg.br/proposicoesWeb/ fichadetramitacao?idProposicao=2426615&fichaAmigavel=nao > consultado em 30 de jun. 2024.

Brasil. PLP108/2024. União. Criação do Comitê Gestor do IBS. Projeto de Lei Complementar. Disponível em < https://www.camara.leg.br/proposicoesWeb/ fichadetramitacao?idProposicao=2438459&fichaAmigavel=nao > consultado em 12 de ago. 2024.

Brasil. Senado. (2025). Manifestação LC214/2025. Disponível em < https://www12.senado.leg.br/noticias/materias/2025/01/17/pais-tera-nova-tributacao-sobre-consumo-a-partir-de-2026 > consultado em 25 jan. 2025.

Brasil. Senado. (2024) Noticia: regimes específicos para setores da economia. Disponível em < https://www12.senado.leg.br/noticias/materias/2024/12/18/reforma-tributaria-estabelece-11-regimes-especificos-para-setores-da-economia > consultado em 25 jan. 2025.

Outros links complementares.

Prefeitura. (2021). Imposto Sobre Serviços (ISS) – local da prestação do serviço. Disponível em: < https://capital.sp.gov.br/web/fazenda/w/servicos/iss/2488#:~:text=Regra%20Geral,da%20Lei%2013.701%2F2003). > consultado em 30 jan. 2025.

Consulta ao PIB, disponível em: https://veja.abril.com.br/economia/setor-de-servicos-o-maior-do-pib-cresce-acima-do-esperado-em-abril#:~:text=Cerqueira%2FAto%20Press%2FAg%C3%AAncia%20O%20Globo%2F.)&text=O%20setor%20de%20servi%C3%A7os%20representa,para%20a%20economia%20do%20pa%C3%ADs. Consultado em 25 de jul. 2024

Tabelas do simples nacional. 2024. Disponível em https://www.contabilizei.com.br/contabilidade-online/tabela-simples-nacional-completa/ consultado em 01 de ago. 2024

Regimes tributários. Disponível em < https://sebrae.com.br/sites/PortalSebrae/ufs/ap/artigos/conheca-os-tres-regimes-tributarios,1ddf8178de8c5610VgnVCM1000004c00210aRCRD > consultado em 09 de ago. 2024.

Regimes tributários. Disponível em: < https://blog.contaazul.com/quais-sao-os-tipos-de-regime-tributario-e-como-escolher-o-ideal/#:~:text=Podemos%20dizer%20que%20o%20Simples,a%20agenda%20tribut%C3%A1ria%20do%20empreendedor. > consultado em 09 de ago. 2024

Febraban, Fiesp. 2024. Reforma Tributária. Disponível em: O Globo. < https://oglobo.globo.com/economia/noticia/2024/04/29/fiesp-e-febrabanelogiam-reforma-tributaria-mas-criticam-inumeras-excecoes-setoriais.ghtml > consultado em 07 de jun. 2024.

Febraban. Reforma Tributária. 2024. Disponível em: < https://febrabantech.febraban.org.br/videos/reforma-tributaria-e-revolucionaria-para-o-consumo-no-brasil-dizem-especialistas > consultado em 01 de jul. 2024.

Febraban. 2024. Reforma Tributária. Disponível em: <https://www.camara.leg.br/noticias/1071314-representantes-do-setor-financeiro-apresentam-sugestoes-a-regulamentacao-da-reforma-tributaria/ > consultado em 01 de jul. 2024.

Fecomercio. 2024. Tributária: IVA trará prejuízos às empresas tributadas pelo Lucro Presumido. Disponível em < https://www.fecomercio.com.br/noticia/tributaria-iva-trara-prejuizos-as-empresas-tributadas-pelo-lucro-presumido > consultado em 30 de dez. 2024.

Fecomercio. (2024) Reforma Tributária: FecomercioSP avança no diálogo com parlamentares sobre os impactos negativos para o setor de turismo. Disponível em < https://www.fecomercio.com.br/noticia/reforma-tributaria-fecomerciosp-avanca-no-dialogo-com-parlamentares-sobre-os-impactos-negativos-para-o-setor-de-turismo > consultado em 29 de dez. 2024.

Fecomercio. (2025) Confira 10 prejuízos que a Reforma Tributária pode trazer ao setor de Serviços. Disponível em: < https://fecomercio.com.br/noticia/confira-10-prejuizos-que-a-reforma-tributaria-pode-trazer-ao-setor-de-servicos > consultado em 30 jan 2025.

Jota. 2024. Reforma tributária. Matéria de 15. Jul. 2024, Disponível em: < https://www.poder360.com.br/poder-economia/cni-diz-que-senado-precisa-melhorar-pontos-da-reforma-tributaria/#:~:text=A%20CNI%20(Confedera%C3%A7%C3%A3o%20Nacional%20da,(568%20kB%20%E2%80%93%20PDF). > consultado em 16 de jul. 2024.

Sinduscon. PIB 2023, consultado em: < https://sindusconsp.com.br/setor-de-servicos-lidera-o-crescimento-do-pib-no-primeiro-trimestre/#:~:text=Na%20compara%C3%A7%C3%A3o%20com%20igual%20trimestre,servi%C3%A7os%20(4%2C7%25). > consultado em 13 de ago. 2024.

Made in the USA
Monee, IL
04 November 2026

67377509R10066